Markus Jordan

Zertifikate – Rendite kalkulierbar machen

TITEL DER SIMPLIFIED-BUCHREIHE

Matthias von Arnim
Erfolgreich mit Aktien – simplified

Lawrence A. Cunningham
Value Investing – simplified

Pierre M. Daeubner
Alles was Sie über Technische Analyse wissen müssen – simplified

Ed Downs
Die besten Chartmuster – simplified

Christian Eck/Marcel Langer/Matthias Riechert
Eurex – simplified

Horst Fugger
Börsen-Lexikon – simplified

Horst Fugger
Derivate-Lexikon – simplified

Markus Gunter
Erfolgreich mit Investmentfonds – simplified

Markus Jordan
Anleihen – simplified

Markus Jordan
Zertifikate – simplified

Jay Kaeppel
Die 4 größten Fehler beim Handel mit Optionen – simplified

Dennis Metz
Devisenhandel – simplified

John J. Murphy
Charttechnik leicht gemacht – simplified

Oliver Paesler
Technische Indikatoren – simplified

Melvin Pasternak
Die 21 wichtigsten Candlestick-Formationen – simplified

Georg Pröbstl
Die besten Dividendenstrategien – simplified

Michael Proffe
Die besten Trendfolgestrategien – simplified

Udo Rettberg
Rohstoffe – simplified

Stefan Riße
CFDs – simplified

Christian Schiffmacher
REITS – simplified

Holger Scholze
Hebelprodukte – simplified

Antonio Sommese
Die richtige Finanzplanung – simplified

Daniel Wilhelmi
Emerging Markets – simplified

www.simplified.de

Markus Jordan

ZERTIFIKATE

RENDITE KALKULIERBAR MACHEN

Leitfaden für eine moderne Geldanlage

FinanzBuch Verlag

simplified

Gesamtbearbeitung: Druckerei Joh. Walch
Lektorat: Dr. Renate Oettinger
Druck: Konrad Triltsch GmbH, Ochsenfurt

Unveränderter Nachdruck 2010

Nymphenburger Straße 86
80636 München
Tel. 089 651285-0
Fax 089 652096
info@finanzbuchverlag.de

Den Autor erreichen Sie unter:
jordan@finanzbuchverlag.de

Bibliografische Information der Deutschen Nationalbibliothek: Die Deutsche Nationalbibliothek verzeichnet diese Publikation in der Deutschen Nationalbibliografie; detaillierte bibliografische Daten sind im Internet über **http://dnb.ddb.de** abrufbar.

ISBN: 978-3-89879-161-8

simplified

Inhalt

Vorwort 9

1 **Die Geschichte des Zertifikats** 11

2 **Die wichtigsten Zertifikate-Formen** 13
2.1 Index-Zertifikate / Basket-Zertifikate 15
2.2 Discount-Zertifikate / Deep-Discount-Zertifikate 21
2.3 Aktienanleihen 30
2.4 Bonus-Zertifikate 35
2.5 Express-Zertifikate 41
2.6 Power-Zertifikate 46
2.7 Kapitalgarantierte Zertifikate 51
2.8 Rohstoff-Zertifikate 60
2.9 Hebel-Zertifikate 64
2.10 Exkurs: Volatilität 70

3 **Was hat Fußball mit Zertifikaten zu tun?** 73
3.1 Die Verteidiger 76
3.2 Die Mittelfeldspieler 77
3.3 Die Stürmer 79
3.4 Der Torwart 79

4 **Wo Sie Zertifikate handeln können** 81

5 **Moderne Geldanlage sucht moderne Bank** 85

6 **Informationsquellen für Zertifikate** 87

7 **Zehn goldene Regeln für eine erfolgreiche Zertifikate-Anlage** 91

8 **Anhang** 93
8.1 Kontaktdaten der Emittenten 93
8.2 Kontaktdaten der Direktbanken 100
8.3 Glossar 102

simplified

DIE SIMPLIFIED-BUCHREIHE
WWW.SIMPLIFIED.DE

IN ZUSAMMENARBEIT DES FINANZBUCH UND INVESTOR VERLAGES

simplified

Vorwort

Rendite kalkulierbar machen

Zertifikate erfreuen sich seit einigen Jahren größter Beliebtheit. Der Grund dafür liegt klar auf der Hand: Mit Zertifikaten können Anleger ihre Rendite kalkulierbar machen. Was ist damit gemeint?

Zertifikate versprechen dem Anleger ein klares Auszahlungsprofil. Damit kann er immer genau nachvollziehen, welche Rendite er in einer bestimmten Situation erwirtschaften wird. Diese Eigenschaft hat den Erfolg der Zertifikate in den schwierigen Jahren nach den starken Börsenrückgängen ausgemacht. Endlich war es transparent und kalkulierbar, warum eine Rendite erwirtschaftet wurde – oder eben nicht erwirtschaftet wurde.

Zertifikate sind keine Wunderanlage; auch hier sind wie bei jeder Aktienanlage Kursverluste möglich. Meist bieten Ihnen Zertifikate aber einen deutlichen Risikopuffer, das heißt Sie können weniger verlieren oder verlieren erst wesentlich später als bei einer direkten Aktienanlage.

Mit diesem Buch möchte ich Zertifikate-Einsteigern die aktuell wichtigsten Zertifikate-Formen vorstellen. Denn es gibt heute mittlerweile unzählige Zertifikate-Formen und -Abwandlungen von den in diesem Buch beschriebenen Zertifikaten. Lassen Sie sich dadurch nicht entmutigen. Wenn Sie die im Buch beschriebenen Formen verstehen, finden Sie sich ganz leicht mit den neuen kommenden Strukturen zurecht.

Zusätzlich möchte ich Ihnen eine Strategie vorstellen, mit der Sie Ihr persönliches Zertifikate-Portfolio zusammenstellen können. Die Entscheidung, in welche Märkte Sie investieren, liegt weiterhin bei Ihnen, doch ich gebe Ihnen dafür eine Hilfestellung an die Hand, die es Ihnen später erleichtert, in die richtigen zu Ihrem Anlagestil passenden Zertifikate zu investieren.

Am Ende des Buches finden Sie die wichtigsten Informationen über den Handel von Zertifikaten, und ich zeige Ihnen auf, welche Banken für eine erfolgreiche Zertifikate-Anlage am besten geeignet sind. Zum Schluss finden Sie in meinen „Zehn goldenen Regeln der Zertifikate-Anlage" alle wichtigen Hinweise zusammengefasst.

Lassen Sie sich nun entführen in die Welt der Anlage-Zertifikate.

Ihr
Markus Jordan

simplified

1 Die Geschichte des Zertifikats

Mitte 1990 wurde zum ersten Mal von einer deutschen Geschäftsbank ein nach heutigen Begriffen bezeichnetes Index-Zertifikat herausgegeben. Dieses neuartige Finanzprodukt stellte 1:1 die Wertentwicklung des deutschen Aktienindex (DAX) dar. Zum ersten Mal war es für jeden Anleger möglich, in einen Aktienindex bereits mit kleineren Beträgen zu investieren. Der Anleger erwarb mit diesem Zertifikat die 30 Aktien aus dem DAX und partizipierte entsprechend an der Wertentwicklung der größten deutschen Unternehmen. Die Bank übernahm zudem bei Index-Anpassungen die Umstellungen im Zertifikat und schrieb ausgeschüttete Dividenden dem Zertifikat gut, genauso wie es im DAX-Index durchgeführt wurde. Der Emittent sorgte so für ein einfaches und transparentes Index-Investment, das es in dieser Form bisher nicht gab.

Sicher, Index-Investments gab es auch schon in Form von Investmentfonds. Vergleicht man aber einen in Deutschland anlegenden Investmentfonds mit einem DAX-Index-Zertifikat, werden schnell Unterschiede erkennbar.

So wird der Fonds von einem Fondsmanager verwaltet, der die Aktien aus dem Index real erwirbt und versucht, so ein Portfolio nachzubauen, das der Entwicklung des DAX-Index entspricht. Steigen die Aktien im Portfolio, bewegen sich die Kurse im Fonds entsprechend. Der Fondsmanager kann bei seinen Anlegeentscheidungen frei entscheiden. Er kann einzelne Sektoren im Fonds gegenüber dem Index übergewichten und so bei einer besseren Entwicklung dieses Sektors zusätzliche Erträge erwirtschaften. Diese bessere Wertentwicklung – Outperformance, wie sie auf Neudeutsch heißt – braucht der Fondsmanager aber auch, um die im Fonds enthaltenen Gebühren zu kompensieren. Managementgebühren, Transaktionsgebühren und Verwaltungskosten reduzieren die Wertentwicklung des Fonds. Schafft der Fondsmanager keine Outperformance gegenüber dem Index, sorgen die Gebühren für eine zusätzliche Belastung der Performance und somit für eine schlechte Entwicklung des Investmentfonds.

Um die laufenden Ein- und Auszahlungen der Anleger abzuwickeln, halten Investmentfonds immer eine Bargeldreserve. Somit sind Fonds nie zu 100 Prozent im Index investiert. Die Chancen einer besseren Wertentwicklung schwinden zusehends.

Ein weiterer wesentlicher Unterschied liegt in den unterschiedlichen Rechtsformen. Investmentfonds gelten als Sondervermögen und sind im Falle einer Insolvenz einer Kapitalanlagegesellschaft vor dem Zugriff der Gläubiger geschützt, da dieses nicht zum Vermögen der Fondsgesellschaft dazugezählt wird. Zertifikate hingegen werden als Inhaberschuldverschreibung (Anleihe) einer Bank herausgegeben. Die Bank verspricht dem Anleger die Auszahlung des investierten Kapitals nach genau definierten Bedingungen (Emissionsbedingungen), die im Verkaufsprospekt beschrieben werden. Wichtig bei der Zertifikate-Wahl ist also immer die Beurteilung der Bonität der Bank (Emittent), die das Zertifikat emittiert. Sie muss am Laufzeitende das Zertifikat zurückzahlen. Überlebt sie nicht, das heißt gerät sie in Zahlungsschwierigkeiten, dann wird der Anleger wie alle anderen Gläubiger (beispielsweise die Lieferanten der Bank) behandelt und muss auf die Rückzahlung des investierten Kapitals warten beziehungsweise hoffen. Für Zertifikate gilt der Einlagensicherungsfonds der Banken nicht. Dieser schützt nur Spar- und Kontoguthaben. Zertifikate sind Wertpapiere, die wie Aktien, Investmentfonds oder Anleihen in einem Wertpapierdepot verwahrt werden. Die meisten Emittenten sind große nationale oder internationale Banken, deren Bonität unter normalen Umständen ausreicht. Hilfreich zur Beurteilung der Bonität ist das Rating, das von internationalen Rating-Agenturen vergeben wird.

In den vergangenen Jahren haben Zertifikate ihren Siegeszug begonnen und sind heute bei vielen Anlegern als Mittel der Geldanlage nicht mehr wegzudenken. Das Angebot an Zertifikaten ist riesig und reicht von klassischen Index-Zertifikaten über ausgefeilte Strategie-Zertifikate bis hin zu Rohstoff-Zertifikaten, mit denen Anleger auf aussichtsreiche Rohstoffe setzen können.

Zertifikate eignen sich für jeden Anleger, der kostengünstig, transparent und kalkulierbar investieren möchte. Die unterschiedlichen Zertifikate-Formen bieten in den meisten Marktsituationen eine geeignete Lösung, um eine attraktive Rendite zu erwirtschaften.

simplified

2 Die wichtigsten Zertifikate-Formen

In diesem Kapitel werden die derzeit wichtigsten Zertifikate-Formen behandelt. Ich stelle die Funktionsweise und die Auszahlungsprofile dar und beschreibe die Vorteile der Zertifikate sowie ihre Einsatzmöglichkeiten.

Zum Leidwesen des Anlegers konnten sich die Emittenten bisher noch nicht auf eine einheitliche Namensgebung für die jeweiligen Zertifikate einigen. So werden identische Zertifikate-Strukturen unterschiedlich benannt, und von Fall zu Fall kommt es dann zu Verwechslungen oder Missverständnissen, die nicht zur Verbesserung der Transparenz bei Zertifikate-Anlagen beitragen. Einzig bei Discount-Zertifikaten, Index-Zertifikaten und Bonus-Zertifikaten konnten sich die Emittenten auf einheitliche Namen einigen. Immer wieder werden auch bestehende Zertifikate-Typen von den Emittenten weiterentwickelt oder modifiziert und dann durch zusätzliche Namen ergänzt.

Um diesem Verwirrspiel Einhalt zu gebieten und um neben den Produktnamen auch verlässliche Statistiken oder auch Umsatzzahlen veröffentlichen zu können, haben die Emittenten zwei Verbände gegründet. Das Derivate Forum und das Deutsche Derivate Institut versuchen durch Öffentlichkeitsarbeit und die Standardisierung der Zertifikate-Namen den Bekanntheitsgrad von Zertifikaten weiter zu erhöhen.

So mancher Anleger wird sich bei Zertifikaten fragen: Wie macht der Emittent das? Die erste Reaktion ist dann meist die Annahme, dass der Emittent gegen den Anleger spekuliert und er durch Markttransaktionen und Manipulationen dafür sorgen wird, dass die versprochene Rendite nicht zur Auszahlung kommt.

Eine solche Aussage ist ganz klar falsch.

Der Emittent wird niemals gegen den Anleger oder den Markt spekulieren. Dieses Risiko wird keine Bank eingehen, denn die Verlustrisiken und vor allem die Reputationsrisiken wären zu groß. Der Emittent ist vielmehr Produzent des Zertifikats. Genauso wie ein Autoproduzent kauft er Bauteile zur Produktion des Zertifikats. Die Bauteile sind hier aber nicht Motor, Karosserie und Reifen, in der Welt der Zertifikate sind es Anleihen und Aktien, Termingeschäfte und komplexe Optionsstrukturen, die selbst für die meisten Banker nur schwer zu verstehen sind. Um bei diesem Vergleich zu bleiben: In den Fabriken – also den Handelsabteilungen der Banken – sitzen meist Mathematiker, die sich mit dieser komplexen Materie befassen und dann neue Anlage-Ideen entwickeln und strukturieren. Die Bauteile dieser Zertifikate werden dann von Händlern zusammengestellt und dann in Form eines Zertifikats an den Anleger verkauft. Dabei und über die Laufzeit des Zertifikats entsteht der Gewinn für den Emittenten.

Anleger sollten sich aber die Frage stellen, ob ein detailliertes Wissen über die Erstellung von Zertifikaten überhaupt notwendig ist. Bei einem Auto möchten die meisten auch nicht wissen, wie genau ein Motor funktioniert; es reicht zu wissen, dass er notwendig ist, um das Auto fortzubewegen. So kann auch bei Zertifikaten vorgegangen werden: Zu wissen, was am Laufzeitende beim Erreichen bestimmter Bedingungen herauskommt, reicht eigentlich aus.

2.1 Index-Zertifikate / Basket-Zertifikate

Hintergrund

Index-Zertifikate sind der Klassiker unter den Zertifikaten. Sie ermöglichen es den Anlegern, direkt in verschiedene Indizes zu investieren, denn meist ist es für Privatanleger gar nicht oder nur auf sehr umständliche Weise möglich, direkt in diese Märkte zu investieren. Der Hauptnutzen von Index-Zertifikaten liegt in der Risikostreuung, die ein Anleger mit dem Kauf eines Zertifikats betreibt. Er investiert sein Kapital nicht nur in eine einzelne Aktie, sondern gleich in den gesamten Index. Im DAX, dem deutschen Aktien-Index, sind 30 Aktien enthalten. Mit einem einzelnen Wertpapier ist der Anleger folglich direkt an der Wertentwicklung der 30 DAX-Unternehmen beteiligt.

Die Funktionsweise

Wie bereits erwähnt, bilden Index-Zertifikate einen Index 1:1 ab. Da Indexstände aber meist sehr hoch notieren, gibt es das so genannte Bezugsverhältnis, das den Index-Stand meist im Verhältnis 1:100 abbildet.

Möchte ein Anleger in den deutschen Aktienmarkt investieren, kann er sich natürlich auch einzelne oder sogar alle 30 DAX-Werte kaufen. Doch dass er mit dieser Transaktion die Entwicklung des DAX genau nachbildet, ist aus verschiedenen Gründen nahezu unmöglich:

1. Die einzelnen Aktien im Index sind nicht mit ganzen Stückzahlen enthalten, sondern nur mit einer prozentualen Gewichtung.
2. Der Aufwand, alle Index-Werte zu kaufen, ist nicht zu unterschätzen. Zudem sorgen die Transaktionsgebühren für eine hohe Belastung.
3. Es ist viel Kapital notwendig, um alle 30 DAX-Werte zu erwerben (rund 1.640 Euro beim Kauf von je einer Aktie aus den DAX-Unternehmen, Stand August 2005).

Ein Index-Zertifikat auf den DAX bei einem Index-Stand von 4.250 Punkten kostet den Anleger dabei nur etwa 42,50 Euro. Denn ein DAX-Punkt entspricht einem Euro, bereinigt um das Bezugsverhältnis von 100. Dieses ermöglicht es dem Anleger, sogar mit geringen Beträgen in den Index zu investieren. Steigt der Index auf 4.500 Punkte, steht das Zertifikat bei 45,00 Euro. Der Anleger ist also immer voll an der Entwicklung des Index beteiligt.

Index-Zertifikate gibt es nicht nur auf den DAX-Index. Mittlerweile wurden Index-Zertifikate auf fast alle bekannten Indizes (zum Beispiel Dow Jones, S&P 500, DJ EuroStoxx 50 Index) herausgegeben. Auch auf Branchenindizes oder Rohstoffe wie Gold oder Öl wurden Zertifikate emittiert.

Die Laufzeit von Index-Zertifikaten ist in der Regel genau definiert. Seit einigen Jahren werden auch Open-End-Zertifikate emittiert. Diese Zertifikate haben kein festgeschriebenes Laufzeitende, der Emittent hat dafür die Möglichkeit, das Zertifikat zu bestimmten Terminen zu kündigen und das Geld zum jeweiligen Wert an den Anleger zurückzuzahlen. Dieses Recht kann der Emittent aber in der Regel erst mehrere Jahre nach der Emission wahrnehmen. Emittenten werden davon nur Gebrauch machen, wenn beispielsweise die offizielle Berechnung des Index eingestellt wird oder das Emissionsvolumen des Zertifikats sehr gering geworden ist und die Emission nicht mehr wirtschaftlich fortgeführt werden kann.

Bei Zertifikaten auf ausländische Indizes trägt der Anleger oftmals neben dem Aktienrisiko auch noch das Fremdwährungsrisiko. Die Währung zum Beispiel bei amerikanischen Indizes ist der US-Dollar. Verändert sich der Währungskurs, schlägt sich das auch auf den Euro-Kurs des Zertifikats nieder. Um für die Anleger dieses Risiko (oder auch diese Chance) zu eliminieren, wurden so genannte Quanto-Zertifikate emittiert. Dies sind normale Index-Zertifikate, bei denen der Währungseinfluss durch Absicherungsgeschäfte ausgeschaltet wurde. Der Emittent sichert das Währungsrisiko für den Anleger ab.

Die Einsatzmöglichkeiten

Die gebräuchlichsten Index-Zertifikate beziehen sich auf die bekannten Indizes. So kann ein Anleger, der in den deutschen Aktienmarkt investieren möchte, aus DAX-, GEX, DivDAX-, MDAX- oder TecDAX-Zertifikaten auswählen. Für den amerikanischen Aktienmarkt sind es der S&P 500 Index und der Dow Jones Industrial Index, für amerikanische High-Tech-Aktien der Nasdaq 100 Index. In den vergangenen Jahren hat sich der DJ EuroStoxx 50 für den europäischen Aktienmarkt etabliert. In den asiatischen Märkten sind der Nikkei 225 und der HangSeng Index bekannt. Zusätzlich gibt es ein fast unendliches Universum weiterer Indizes. Der Vorteil der bekannten Indizes liegt in der Beobachtung der aktuellen Preise. So reicht schon ein kurzer Blick in den Finanzteil einer Zeitung oder das Verfolgen der Tagesschau im Fernsehen, um den aktuellen Wert seiner Anlage zu erfahren.

Mit drei Index-Zertifikaten beispielsweise auf den DJ EuroStoxx 50, den S&P 500 und den Nikkei 225 kann sich jeder ein internationales Aktienportfolio aus 775 Einzelwerten zusammenstellen und so die Risiken einer Einzelanlage in Aktien deutlich reduzieren. Durch die Beimischung von Rohstoffzertifikaten oder Zertifikaten auf Rentenindizes wird das Kursrisiko im Wertpapierdepot nochmals deutlich reduziert.

Ein wichtiger Aspekt bei der Wahl eines Index-Zertifikates sind die Dividenden der Aktien im Index. Es gibt zwei Arten von Indizes: die Kurs- und die Performance-Indizes.

Kurs-Index:
Hier werden die Dividenden der enthaltenen Unternehmen bei Ausschüttung nicht wieder in den Index eingerechnet. Die Kurse der Aktien fallen am Ausschüttungstag um die entsprechend ausgezahlte Dividende. Dies führt auch in Kurs-Indizes zu einem geringen Rückgang.

Performance-Index:
Hier wird die Dividende am Ausschüttungstag wieder in den Index eingerechnet. Der Anleger partizipiert also im vollen Umfang an der Dividende.

Diese unterschiedliche Behandlung vollzieht der Emittent auch in den entsprechenden Index-Zertifikaten. Bei Kurs-Index-Zertifikaten behält meist der Emittent die Dividende, bei Performance-Index-Zertifikaten wird die Dividende wieder in den Wert des Zertifikates eingerechnet. Bei einer Dividendenrendite von zwei bis drei Prozent im Jahr kommt da über einen langen Zeitraum ein ordentlicher Betrag zusammen. Da die Dividenden automatisch vom Index-Anbieter in den Index eingerechnet werden und der Anleger eine 1:1-Index-Abbildung erhält, kommt er in den steuerfreien Genuss dieser Dividendenerträge. Dies kann auch ein interessanter Aspekt gegenüber einer direkten Aktienanlage sein.

Vorteile von Index-Zertifikaten

- Kostengünstig
  Zertifikate bieten Ihnen eine kostengünstige Möglichkeit, in einen Aktienindex zu investieren.
- Risikostreuung
  Index-Zertifikate bilden Aktien-Indizes mit mehreren enthaltenen Aktien ab. Einzelne Anlagerisiken werden so durch Risikostreuung reduziert.
- Einfach und transparent
  Index-Zertifikate sind einfach und transparent. Der Kurs entspricht nahezu dem aktuellen Indexstand.
- Breites Anlageuniversum
  Das Angebot beinhaltet unzählige Indizes.
- Steuereffizient
  Die Dividenden werden bei Performance-Index-Zertifikaten eingerechnet und sorgen für eine steuerfreie Gutschrift im Index-Zertifikat.
- Leichte Handelbarkeit
  Zertifikate können jederzeit mit dem Emittenten über die Börse oder direkt außerbörslich gehandelt werden. Der Emittent stellt immer einen Kurs, der dem aktuellen Index entspricht. Mehr über die Handelbarkeit von Zertifikaten finden Sie in Kapitel 4.

Zertifikate-Ampel:

Chance: volle Gewinnchancen

Risiko: volles Risiko (analog einer normalen Aktienanlage)

Steuer: positiv (das heißt nach zwölf Monaten Kursgewinne steuerfrei)

Sonderfall Basket-Zertifikate

Eine besondere Erwähnung verdienen Basket-Zertifikate. In ihrer Funktion sind sie nichts anderes als Index-Zertifikate. Der Emittent bildet aber nicht die Wertentwicklung eines Index 1:1 ab, sondern die eines Aktienkorbs (Basket).

Das Besondere ist die Zusammenstellung der Aktienkörbe. Hier gibt es eine Vielzahl von Variationsmöglichkeiten. So kann in statischen Aktien-Baskets eine definierte Zahl Aktien zum Beispiel aus einer Region oder Branche zusammengefasst werden (etwa in einem Auto-Basket VW, BMW, DaimlerChrysler, Porsche, Renault, Ford und General Motors). Der Anleger profitiert dann von der Wertentwicklung dieser ausgewählten Aktien. So können Anlagetrends schnell und kostengünstig zusammengefasst und investierbar gemacht werden.

Besonders interessant sind Basket-Strategie-Zertifikate. Hier wird der Aktienkorb nach definierten Regeln zusammengestellt und regelmäßig die Einhaltung dieser Regeln überprüft. So gibt es Strategie-Zertifikate auf Dividenden-Baskets, bei denen sich die Aktien im Basket aus den dividendenstärksten Aktien eines Index zusammensetzen. In regelmäßigen Abständen wird die Zusammensetzung des Basket überprüft und gegebenenfalls vom Emittenten angepasst. Der Anleger hat so die Möglichkeit, von Substanzwerten zu profitieren, und kann mittels eines Zertifikats diese Dividendenstrategie einfach umsetzen.

Exkurs: Dividendenstrategie
Bei der Dividendenstrategie wird immer in die Top-Dividendenwerte eines Index investiert. Aktien mit hoher Dividendenzahlung gelten als besonders solide und finanzstark bei Investoren. Gerade in unsicheren Börsenzeiten wird in diese Aktien bevorzugt investiert, da sie auch in schwierigen Börsenphasen eine konstante Gewinnentwicklung aufweisen beziehungsweise durch die attraktive Dividendenrendite einen ordentlichen Zusatzertrag versprechen.
Grundsätzlich sollte man vor einer Investition in Basket-Zertifikate die Strategie genau auf die langfristigen Erfolgschancen überprüfen. Eine im Moment interessante Strategie, zum Beispiel ein

Basket aus Internet-Werten, ist vielleicht in einigen Monaten nicht mehr interessant. Wer dann den Ausstieg verpasst, der erleidet oft erhebliche Verluste.

Vorteile von Basket-Zertifikaten

- Kostengünstig
  Mit Basket-Zertifikaten werden Anlagestrategien kostengünstig umgesetzt.
- Risikostreuung
  Auch hier gilt die Risikodiversifizierung. Mit einem Basket-Zertifikat investieren Sie innerhalb der Strategie meist in mehrere Aktien und können so einzelne Kursrisiken reduzieren.
- Einfach und transparent
  Meist ist die Strategie klar definiert und jederzeit nachvollziehbar.
- Leichte Handelbarkeit
  Zertifikate können jederzeit mit dem Emittenten über die Börse oder direkt außerbörslich gehandelt werden. Der Emittent stellt immer einen Kurs, der dem Wert der Strategie entspricht.

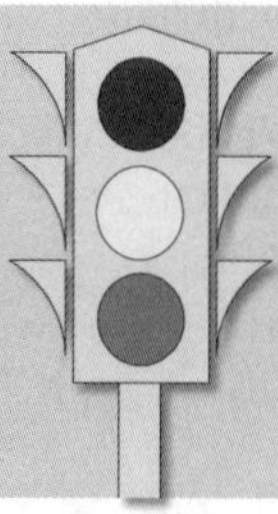

Zertifikate-Ampel:

Chance: volle Gewinnchancen je nach Erfolg der Strategie
Risiko: volles Risiko (analog einer Aktienanlage)
Steuer: positiv (das heißt nach zwölf Monaten Kursgewinne steuerfrei)

2.2 Discount-Zertifikate / Deep-Discount-Zertifikate

Hintergrund

Die am weitesten verbreitete Zertifikate-Form sind Discount-Zertifikate. Fast jeder Emittent hat sie in seinem Angebot. Discount-Zertifikate konnten sich schnell neben den klassischen Index-Zertifikaten etablieren und weisen einige interessante Vorteile auf.

Der Anleger kauft den Basiswert mit einem Rabatt gegenüber dem aktuellen Börsenkurs und kann so in einem normalen Marktumfeld hohe Renditen erzielen. Wichtig für die Investition in Discount-Zertifikate ist die Marktmeinung des Anlegers. Um das optimale Discount-Zertifikat herauszufinden, muss der Anleger eine klare Meinung über die künftige Entwicklung des Basiswerts haben. Discount-Zertifikate entwickeln sich in fast allen Marktlagen besser als der zugrunde liegende Basiswert. Näheres dazu erfahren Sie später.

Funktionsweise

Wie der Name schon sagt, erwerben Sie bei Discount-Zertifikaten den Basiswert mit einem Discount (Rabatt). Das ist natürlich erst einmal toll: Sie kaufen das Zertifikat auf eine Aktie, die derzeit an der Börse für 40 Euro gehandelt wird, zu einem Preis von 36 Euro. Das Zertifikat hat eine bestimmte Laufzeit, und Sie erhalten am Fälligkeitstag eine Aktie oder den entsprechenden Gegenwert in Geld geliefert beziehungsweise gezahlt. Diese Zahlung bekommen Sie allerdings nur, wenn die Aktie unter oder am Höchstbetrag (CAP) notiert. Der CAP wird bei Emission festgeschrieben und verändert sich während der Laufzeit nicht mehr. In unserem Beispiel liegt der CAP bei 42 Euro.

Fassen wir für unsere Beispielrechung zusammen:

Ein Anleger kauft ein Discount-Zertifikat mit einem Kurs von 36 Euro. Der CAP liegt bei 42 Euro, die Laufzeit beträgt ein Jahr, und der aktuelle Börsenkurs liegt bei 40 Euro.

Wie verhält sich das Zertifikat bei verschiedenen Aktienkursentwicklungen zum Laufzeitende?

Betrachten wir folgende Szenarien:

A) Die Aktie fällt um 30 Prozent.
Der Kurs der Aktie fällt von 40 Euro auf 28 Euro (– 30 Prozent). Am Fälligkeitstag erhält der Anleger eine Aktie geliefert, da der Kurs unter dem CAP bei 42 Euro notiert. Da er das Zertifikat mit einem Kurs von 36 Euro gekauft hat, beträgt der Verlust des Zertifikats nur 22,22 Prozent (36 Euro – 28 Euro = 8 Euro / 36 Euro). Er hat also weniger verloren als bei einer direkten Aktienanlage.

Das ist zwar schön, aber dennoch wurde Geld verloren. Deshalb hier gleich eine wichtige Regel, die Sie beim Kauf eines Discount-Zertifikats beachten sollten: Wenn ein Anleger davon ausgeht, dass die Aktie stark fallen wird, sollte nie ein Discount-Zertifikat gekauft werden. Das ist logisch, denn die Aktie würde er dann wahrscheinlich auch nicht kaufen. Also lassen Sie sich bitte nicht vom Rabatt oder Discount verleiten.

B) Die Aktie fällt um zehn Prozent.
Der Kurs der Aktie fällt von 40 Euro auf 36 Euro (– zehn Prozent). Am Fälligkeitstag erhält der Anleger eine Aktie geliefert, da der Kurs unter dem CAP bei 42 Euro notiert. Wir erinnern uns: Das Zertifikat wurde ebenfalls für 36 Euro erworben. Vergleichen wir nun den Verlust der direkten Aktienanlage (– zehn Prozent) mit dem Stand des Zertifikats (+/– 0 Prozent) wird der Vorteil des Discounts sichtbar: Das Discount-Zertifikat wurde mit einem Sicherheitspuffer, dem Rabatt von zehn Prozent, erworben und hat den Anleger vor Kursverlusten geschützt.

C) Die Aktie verändert sich nicht.
Der Kurs der Aktie steht diesmal am Fälligkeitstag bei 40 Euro und hat sich nicht verändert. Auch hier erhält der Anleger bei Fälligkeit eine Aktie geliefert, da das Zertifikat unter dem CAP notiert. Vergleichen wir wieder die Aktie mit dem Zertifikat, greift der Vorteil des Discount-Zertifikats im Positiven: Während die Aktie sich nicht verändert hat, ist der Wert des Zertifikats von 36 Euro auf 40 Euro gestiegen. Der Anleger hat einen Gewinn von 11,11 Prozent erwirtschaftet.

Sie werden sich nun fragen, wo denn endlich der Haken bleibt, denn so etwas gibt es doch eigentlich nicht: Der Anleger verliert weniger, wenn die Kurse fallen, und er gewinnt, wenn sie nicht steigen. Die Frage ist berechtigt, aber glauben Sie mir: Der Haken ist mehr ein Häkchen, und dieses Häkchen ist nur eine Frage Ihrer Markterwartung. Doch sehen wir uns nun das letzte Szenario an.

D) Die Aktie steigt um zehn Prozent.
In diesem Fall steigt die Aktie von 40 Euro auf 44 Euro. Ein toller Gewinn. Wie verhält sich nun das Discount-Zertifikat, denn der Kurs steht ja nun über dem CAP? Genau: der CAP, unser Häkchen. Diesmal erhält der Anleger keine Aktie geliefert, sondern pro Zertifikat einen Geldbetrag in Höhe von 42 Euro gutgeschrieben. Denn der maximale Auszahlungsbetrag bei einem Discount-Zertifikat ist immer der CAP. Was bedeutet das nun in Zahlen?

Der Anleger hat 36 Euro für das Zertifikat bezahlt. Am Fälligkeitstag erhält er 42 Euro gutgeschrieben. Das entspricht einer Wertentwicklung von 16,66 Prozent (42 Euro – 36 Euro = 6 Euro / 36 Euro). Die Aktie ist im gleichen Zeitraum nur um zehn Prozent gestiegen (von 40 auf 44 Euro). Wieder ein deutliches Plus gegenüber der direkten Aktienanlage.

Aus der nachfolgenden Grafik kann das Gewinn-Verlust-Profil des oben beschriebenen Discount-Zertifikats abgelesen werden. Es wird deutlich, dass der Gewinn des Zertifikats aufgrund des CAP ab einem Aktienkurs von 42 Euro nicht weiter ansteigt, während sich die direkte Aktienanlage erst ab einem Aktienkurs von 46,66 Euro (40 Euro + 16,66 Prozent) besser entwickelt als die Anlage in das Discount-Zertifikat. Bei fallenden Kursen verliert der Zertifikate-Anleger erst ab einem Kurs von 36 Euro, der Aktienanleger hat zu diesem Zeitpunkt bereits vier Euro beziehungsweise zehn Prozent verloren.

Einsatzmöglichkeiten

Aus diesen Szenarien wird schnell erkennbar, welche Meinung ein Anleger zu einer Aktie oder einem Index haben muss, wenn er in ein Discount-Zertifikat investiert. Es kann so ziemlich jede Marktentwicklung kommen – nur ein starker Kursrückgang oder ein starker Kursanstieg darf

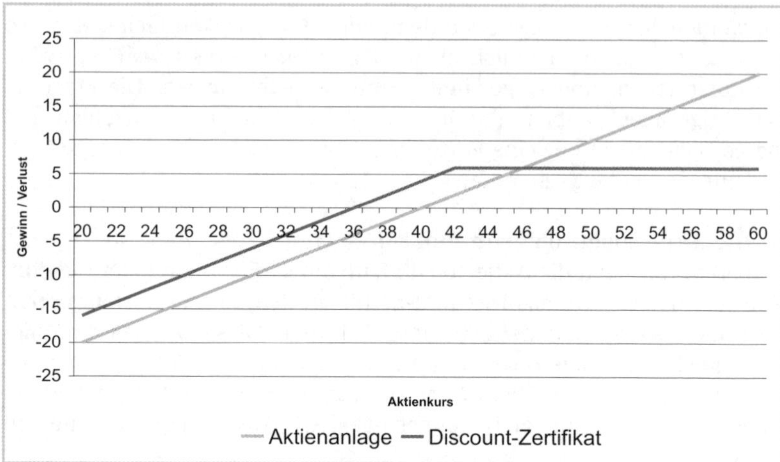

Gewinnprofil eines Discount-Zertifikats

sich nicht ereignen. Denn dann ist eine Discount-Zertifikat-Anlage nicht das Richtige. Sollte der Kurs stark steigen, wären Sie mit einer Aktienanlage oder anderen Zertifikate-Formen besser gefahren (mehr dazu später).

Allerdings sollte man sich fragen, ob es nicht auch interessant ist, eine Rendite von 16,66 Prozent bei einem etwas geringeren Risiko zu erwirtschaften. Das ist mit Sicherheit besser, als 16,66 Prozent Rendite mit der direkten Aktienanlage zu verdienen. Zertifikate-Anlagen haben also auch immer etwas mit Risikoreduzierung zu tun. Dieser Punkt wird zu wenig von Privatanlegern beachtet – meist zählt eine hohe Rendite, egal mit welchem Risiko sie erzielt wurde.

Mittlerweile gibt es Discount-Zertifikate auf eine Vielzahl von Aktien, Indizes und sogar Anleihen, Währungen und Rohstoffen (zum Beispiel Öl). Auch die Laufzeiten und die Wahl der CAPs lassen keine Wünsche offen. Charmant ist der Tausch von Aktienpositionen in Discount-Zertifikate. So kann ein Anleger seine Aktieninvestitionen optimieren und je nach Markterwartung effizienter gestalten. Den meisten Anlegern fällt es leichter, die negative Entwicklung einer Aktie auszuschließen, als eine positive vorherzusagen. Die Aussage „Die Aktie fällt nie unter 25 Euro – da bin ich mir sicher" wird leichter ausgesprochen als die Aussage: „Die

Aktie steigt noch genau auf 35,50 Euro". Ob das mathematisch belegt werden kann, möchte ich nicht einschätzen; ich bin mir aber sicher, dass jeder, der sich heute mit Aktien beschäftigt, eine Marktmeinung hat.

Mit Discount-Zertifikaten muss ein Anleger also nicht mehr nur positiv in Bezug auf eine Aktie gestimmt sein, es reicht schon, wenn er sie neutral sieht, das heißt, er geht davon aus, dass sich die Aktie nicht nach unten bewegt. Er kann also mit Discount-Zertifikaten in Aktien investieren, die keine tolle Story aufweisen und keine großen Kurssteigerungen erwarten lassen. Denn selbst wenn die Aktie gleich bleibt, verdient er mit Discount-Zertifikaten eine ordentliche Rendite. Er kann künftig also auch auf Aktienempfehlungen mit den Einstufungen „Halten" oder „Neutral" achten und sie für eine Geldanlage nutzen.

Vorteile von Discount-Zertifikaten

- Risikoreduzierung
  Mit Discount-Zertifikaten kann das Risiko reduziert werden. Durch den günstigeren Einkauf (Rabatt) baut der Anleger ein kleines Risikopolster auf, das bei fallenden Kursen vor Verlusten schützt.
- Gewinnoptimierung
  Der beschriebene Risikopuffer sorgt dafür, dass auch in Seitwärtsphasen der Aktienmärkte eine Rendite erwirtschaftet werden kann. Der Discount baut sich bis zum Laufzeitende ab und nähert sich dem aktuellen Börsenkurs der Aktie. Hat sich die Aktie nicht verändert, steigt der Kurs des Discount-Zertifikats entsprechend an.

Kennzahlen

Discount

Der Discount drückt den Rabatt aus, zu dem das Discount-Zertifikat günstiger gegenüber der Aktie erworben werden kann. Grundsätzlich gilt, dass der Discount umso höher ausfällt, je niedriger der CAP im Vergleich zum aktuellen Kurs der Aktie ist. Entsprechend geringer ist dabei auch das Gewinnpotenzial. Darüber hinaus ist der Discount bei längeren Laufzeiten größer als bei kürzeren.

Die Formel für die Berechnung lautet:

1 – Preis des Zertifikats / Kurs der Aktie x 100 Prozent

Beispiel: 1 – 36 / 40 x 100 Prozent = 10 Prozent. Der Discount liegt demnach bei 10 Prozent.

Maximaler Gewinn

Diese Kennzahl drückt den maximalen Gewinn eines Discount-Zertifikates aus: Wieviel kann ein Anleger mit diesem Zertifikat verdienen? Wichtige Angaben für die Berechnung sind der Kurs des Zertifikats und der CAP (maximaler Auszahlungsbetrag). Die Formel lautet wie folgt:

CAP / Kurs des Discount-Zertifikats – 1 x 100

Beispiel: 42 / 36 – 1 x 100 Prozent = 16,66 Prozent

Break-even

Interessant für einen Anleger ist die Frage, ab wann der direkte Aktienkauf besser gewesen wäre als die Anlage in ein Discount-Zertifikat. So kann man einen Aktienkurs berechnen, anhand dessen es leichter abzuschätzen ist, ob die Aktie das Potenzial aufweist, dieses Niveau zu erreichen. Die Formel dazu lautet:

Kurs der Aktie + maximaler prozentualer Gewinn = Break-even-Punkt

Beispiel: 40 + 16,66 Prozent = 46,66 Euro. Sobald die Aktie also über 46,66 Euro steigt, ist der Prozent-Gewinn bei der direkten Aktienanlage höher als beim Kauf des Discount-Zertifikats. Ob dies generell günstiger ist, bleibt abzuwarten. Die Mehr-Rendite wurde jedenfalls mit einem höheren Risiko erwirtschaftet.

Zertifikate-Ampel:

Chance: begrenzte Gewinnchancen

Risiko: Der Discount sorgt für einen niedrigen Kaufpreis und ermöglicht die Renditeerwirtschaftung bei moderaten Kursrückgängen oder Seitwärtstrends

Steuer: Positiv (das heißt nach zwölf Monaten Kursgewinne steuerfrei)

Sonderfall Deep-Discount-Zertifikate

Hintergrund

Eine Extra-Erwähnung verdienen Deep-Discount-Zertifikate, bei denen, wie der Name schon sagt, ein Deep (also tiefer)-Discount gewährt wird. Viele Anleger setzen diese Zertifikate alternativ zu einer Festgeld- oder Zinsanlage ein. Das Verlustrisiko dieser Zertifikate wird erheblich reduziert; dafür ist die Rendite, die es zu verdienen gibt, auch wesentlich geringer und gleicht eher einem sicheren Zinsertrag. Ein großer Vorteil bleibt allerdings: Der Ertrag ist nach Ablauf der Spekulationssteuerfrist von zwölf Monaten steuerfrei (nach derzeitiger Rechtsprechung).

Funktionsweise

Die Zertifikate funktionieren genauso wie normale Discount-Zertifikate mit einem einzigen Unterschied: Der CAP liegt weit unter dem aktuellen Börsenkurs. Dies führt dazu, dass der Discount sehr hoch ist und im Gegenzug die Renditechancen sehr gering sind. Am deutlichsten wird dies wieder an einem Beispiel.

Ein Anleger kauft ein Deep-Discount-Zertifikat mit einem Kurs von 25 Euro. Der CAP liegt bei 26 Euro, die Laufzeit beträgt ein Jahr, und der aktuelle Börsenkurs liegt bei 40 Euro.

In diesem Beispiel weist das Discount-Zertifikat einen Discount in Höhe von 37,50 Prozent (40 - 25 = 15 /40) aus. Der maximale Ertrag, der erzielt wird, solange die Aktie am Fälligkeitstag über 26 Euro notiert, beträgt vier Prozent (26 – 25 = 1 Euro / 25). Dies verdeutlicht eindrucksvoll, wie konservativ Deep-Discount-Zertifikate sein können. Die Aktie muss innerhalb eines Jahres um mehr als 37,50 Prozent fallen, damit der Anleger in die Verlustzone rutscht. Selbst wenn sie um 14 Euro oder 35 Prozent fällt (40 - 26 Euro), erwirtschaftet er immer noch eine Rendite von vier Prozent. Man geht ein geringes Aktienkursrisiko ein, aber dafür erhält man eine höhere Verzinsung als bei einer Zinsanlage. Der Anleger muss nur hoffen, dass die Aktie um nicht mehr als 35 Prozent zum Laufzeitende gefallen ist.

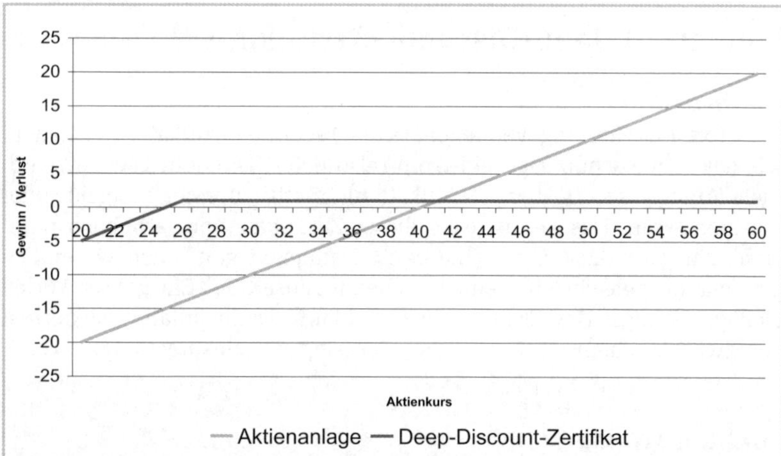

Gewinnprofil eines Deep-Discount-Zertifikats

Einsatzmöglichkeiten

Deep-Discount-Zertifikate ermöglichen eine attraktive Rendite und reduzieren das Kursrisiko erheblich. Solange alles mit der Aktie „gut" geht, werden die maximalen Renditen erwirtschaftet. Bei der Auswahl der Aktie oder des Index muss der Anleger also eigentlich nur darauf achten, dass die Aktie nicht extrem stark fällt.

Das wird in einem normalen Börsenumfeld auch sicherlich nicht geschehen, solange sich der Anleger bei der Zertifikate-Wahl auf Standardwerte

(Unternehmen aus DAX, EuroStoxx usw.) konzentriert. Der Anlagezeitraum sollte auch hier länger als ein Jahr sein. Dann können die erzielten Renditen steuerfrei vereinnahmt werden.

In Zeiten hoher Schwankungen an den Börsen sind Deep-Discount-Zertifikate besonders interessant, denn dann kann man sie mit einem besonders hohen Discount und entsprechend hohen maximalen Erträgen erwerben. Bei der Wahl des passenden Discount-Zertifikats sollte also immer auch die Volatilität (siehe Kapitel 2.9 Exkurs: Volatilität) des Basiswerts angesehen werden. Ist sie hoch, kann der Anleger mit hohen Abschlägen kaufen, ist sie niedrig, fallen die Renditen geringer aus.

Zertifikate-Ampel:

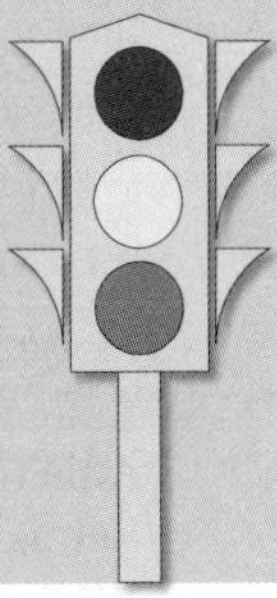

Chance: begrenzte Gewinnchancen

Risiko: Ein großzügiger Discount sorgt für eine hohe Wahrscheinlichkeit einer Renditezahlung auch bei größeren Kursrückgängen

Steuer: Positiv (das heißt nach zwölf Monaten Kursgewinne steuerfrei)

2.3 Aktienanleihen

Hintergrund

Das Prinzip von Aktienanleihen ist schnell erklärt: Sie zahlen hohe, oft zweistellige Zinsen auf Basiswerte wie Aktien oder Indizes. Notieren diese Aktien zum Ende der Laufzeit über einer bestimmten Schwelle, wird die Anleihe in Geld zurückgezahlt, ansonsten werden Aktien geliefert. Aktienanleihen sind also für Anleger geeignet, die hohe Zinseinnahmen erzielen wollen und nach deren Einschätzung die Kurse der Aktien, auf die sich eine Aktienanleihe bezieht, sich seitwärts entwickeln oder leicht steigen werden. Das ist die gleiche Strategie wie bei Discount-Zertifikaten, die ebenfalls davon profitieren, wenn eine Aktie sich nur wenig verändert oder leicht steigt – nur dass eben ein Zins ausgeschüttet wird und der Ertrag nicht in Form eines Rabatts auf die Aktie gewährt wird.

Funktionsweise

Aktienanleihen werden nicht stückweise, sondern wie jede klassische Anleihe mit einem Nominalwert erworben. Der Nominalwert ist der Betrag, auf den sich die Leistungen des Emittenten beziehen. Für den Wert einer Anleihe ist der Kurs relevant. Anleihen notieren in Prozent des Nominalwerts. 100,00 Prozent entsprechen genau dem Nominalbetrag von zum Beispiel 5.000 Euro, 99,00 Prozent einem Betrag von 4.950 Euro, und 101,00 Prozent entsprechen 5.050 Euro. Eine Anleihe hat eine feste Laufzeit. Für diese Laufzeit stellt der Anleger dem Emittenten Kapital zur Verfügung. Dafür erhält der Anleger einen bestimmten Zinsertrag, der aus dem Nominalbetrag der Anleihe berechnet wird. Zudem ist der Emittent bei Fälligkeit zur Rückzahlung des Nominalbetrag verpflichtet.

Beispiel: Die Aktienanleihe bezieht sich auf eine Aktie, deren Kurs aktuell bei 40 Euro notiert. Die Anleihe zahlt einen jährlichen Zinssatz von zehn Prozent. Der Anleger erwirbt einen Nominalbetrag von 5.000 Euro zu einem Kurs von 100,00 Prozent. Die Laufzeit beträgt ein Jahr.

Im Gegensatz zu klassischen Anleihen, die für eine Laufzeit von einem Jahr Zinsen von rund 2,50 Prozent zahlen, bieten Aktienanleihen deutlich höhere Erträge. Die hohe Zinszahlung am Ende der Laufzeit erfolgt auf jeden Fall und ist an keine Bedingung geknüpft. Die Aktienanleihe auf unsere Aktie zahlt Zinsen von 10,00 Prozent und liegt damit um rund 7,50 Prozent über dem Niveau von klassischen Anleihen.

Am Fälligkeitstag der Anleihe kann der Emittent wählen, ob er den Nominalbetrag oder eine definierte Anzahl an Aktien an den Anleger zurückgibt. Die Aktienanleihe im Beispiel wird entweder durch 5.000 Euro, also zum Nominalbetrag, oder durch die Lieferung von 125 Aktien getilgt. Der Emittent ist zur Lieferung der 125 Aktien berechtigt, wenn die Aktie unter 400 Euro notiert. Die Rückzahlung zum Nennbetrag erfolgt immer dann, wenn die Aktie über 40 Euro liegt. Die Rückzahlung der Aktienanleihe ist also an den Kurs der Aktie geknüpft. Der Wert einer Aktienanleihe leitet sich deswegen auch zu einem wesentlichen Teil aus der Kursentwicklung des Basiswertes ab.

Der Reiz einer Aktienanleihe liegt in ihrer hohen Verzinsung. Welcher Anleger möchte nicht gern einen Kupon von 10,00 Prozent und mehr vereinnahmen? Die Zahlung der Zinsen erfolgt im Gegensatz zur Rückzahlung unabhängig vom Kurs der Aktie.

Die Zinszahlung erfolgt für die Zeit zwischen dem Kauf der Aktienanleihe und der Rückzahlung. Der Zinsertrag errechnet sich aus dem jeweiligen Nominalbetrag der Aktienanleihe. Der Zinssatz, der bei Emission festgelegt wird, bezieht sich immer auf ein Jahr. Der Zusatz „p. a." – für „per annum" – bringt dies zum Ausdruck. Der Zinssatz von 10,00 Prozent bedeutet deshalb nicht grundsätzlich, dass Sie einfach 10,00 Prozent bezogen auf 5.000 Euro, also 500 Euro, erhalten. Vielmehr erfolgt die Verzinsung taggenau. Der Zinsertrag beläuft sich nur dann auf 500 Euro, wenn die Aktienanleihe eine Laufzeit von genau einem Jahr hat. Ist die Laufzeit kürzer, ist auch der Zinsertrag in Euro geringer.

Der Emittent zahlt die gesamten Zinsen am Zahltag an den Inhaber der Aktienanleihe. Erwirbt ein Anleger die Aktienanleihe während der Laufzeit, so erhält er trotzdem am Zahltag die volle Zinszahlung von 500 Euro. Der tatsächliche Zinsertrag für die Tage, an dem der Anleger die Anleihe besessen hat, liegt jedoch darunter, da er beim Kauf der Anleihe Stückzinsen bezahlen muss. Stückzinsen sind die Zinsen, die vom Beginn der Anleihe beziehungsweise des Zinslaufes bis zum Kauftag angefallen sind. Möchte der Anleger die Anleihe vor dem Zinstermin veräußern, so erhält er für die Zeit seit Beginn des Zinslaufes die Zinsen vom Käufer der Anleihe vergütet.

Zu welchem Zeitpunkt die Zinsen gezahlt werden, ist von Anleihe zu Anleihe unterschiedlich. Klassische Anleihen, wie Bundesanleihen oder Pfandbriefe, zahlen einmal jährlich Zinsen. Bei Aktienanleihen mit einer Laufzeit von unter beziehungsweise knapp über einem Jahr werden die Zinsen nur einmal, und zwar bei Fälligkeit, gezahlt. Bei Aktienanleihen mit einer Laufzeit von mehreren Jahren werden die Zinsen üblicherweise ebenfalls jährlich zu bestimmten Terminen gezahlt. Den genauen Zinstermin kann man den Anleihenbedingungen entnehmen.

Die Rückzahlung von Aktienanleihen ist, wie bereits erwähnt, stets von der Entwicklung des zu Grunde liegenden Basiswerts abhängig. Der Emittent ist berechtigt, die Aktienanleihe in Aktien zu tilgen, wenn die Aktie unter 40,00 Euro notiert.

125 Aktien zum Preis von 40 Euro entsprechen genau dem Nennbetrag von 5.000 Euro. Solange die Aktie über 40 Euro notiert, zahlt der Emittent den Nennbetrag, und zwar unabhängig davon, ob die Aktie bei 40 Euro oder 50 Euro notiert. Je tiefer die Aktie notiert, desto geringer ist der Wert der gelieferten Aktien. Bei einem Aktienkurs von 38 Euro entsprechen 125 Aktien einem Wert von 4.750 Euro; in Prozent sind das 95,00 Prozent des Nennbetrages. Das ist ein kleiner Verlust, der aber durch die hohe Verzinsung mehr als ausgeglichen wird. Bei einem Aktienkurs von 35 Euro entsprechen 125 Aktien einem Wert von 4.375 Euro. Das sind 87,50 Prozent des Nennbetrages. Selbst bei einer Verzinsung von 10,00 Prozent führt eine Lieferung der Aktien zu einem kleinen Verlust. Darin liegt auch das Risiko von Aktienanleihen: Je tiefer die Aktie fällt, desto größer ist der Verlust in der Anleihe. Theoretisch kann die Aktie auf null Euro fallen, dann wäre das gesamte eingesetzte Kapital verloren.

Der Grund, warum Aktienanleihen im Gegensatz zu klassischen Anleihen einen hohen Zinssatz zahlen können, liegt in der Möglichkeit des Emittenten, dem Anleger am Fälligkeitstag Aktien zu liefern. Das Kursrisiko trägt der Anleger, der Emittent zahlt ihm dafür eine Risikoprämie. Steigen die Aktien hingegen, behält der Emittent die Aktien, profitiert von den

Gewinnen und zahlt den Nominalbetrag an den Anleger zurück.

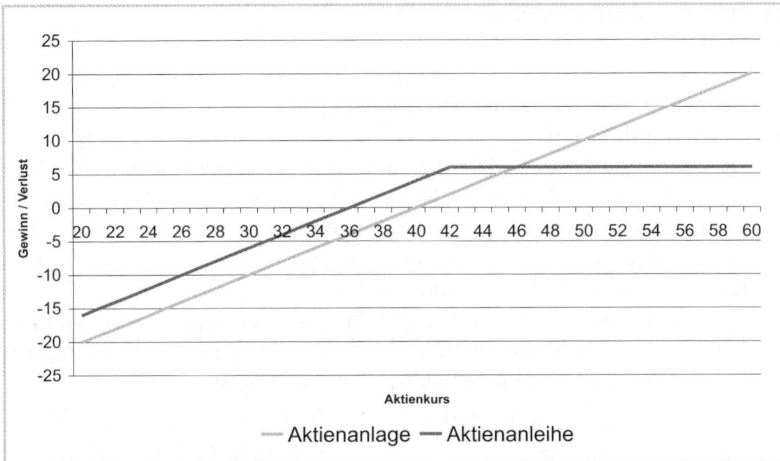

Gewinnprofil einer Aktienanleihe

Einsatzmöglichkeiten

Aktienanleihen können als Ersatz für klassische Anleihen eingesetzt werden. Der Anleger muss sich allerdings im Klaren darüber sein, dass bei fallenden Kursen ein Verlustrisiko besteht, das höher sein kann als der Zinssatz, den die Aktienanleihe zahlt. Idealerweise investiert ein Anleger in Aktienanleihen auf Aktien, bei denen er sich sicher ist, dass die Aktien nicht auf den Basispreis fallen werden. Denn bis dahin erhält er ja den Nominalbetrag voll zurückbezahlt.

Exkurs: Steuerliche Behandlung von Aktienanleihen

Wie bei klassischen Anleihen muss der Zinsertrag versteuert werden beziehungsweise wird die Bank die Zinsen unter Berücksichtigung des persönlichen Freibetrags auszahlen. Wird der Freibetrag überschritten, zieht die Bank automatisch 30 Prozent Zinsabschlagsteuer zzgl. 5,5 Prozent Solidaritätszuschlag ab. Nachdem Aktienanleihen wie Garantie-Zertifikate Finanzinnovationen sind, müssen Kursgewinne auch außerhalb der zwölfmonatigen Spekulationsfrist versteuert werden. Kursverluste können dagegen unmittelbar als Verlust steuerlich von anderen positiven Einkünften im Rahmen des Verlustausgleichs abgesetzt werden.

Vorteile von Aktienanleihen

- Stetige Zinserträge
  Aktienanleihen zahlen immer einen definierten Zins aus, egal wo am Laufzeitende die jeweilige zugrunde liegende Aktie notiert.
- Gewinnoptimierung
  Die Konstruktion der Aktienanleihe führt dazu, dass in seitwärts tendierenden Marktphasen der Nominalbetrag am Laufzeitende zurückgezahlt wird. Der Anleger hat dann die maximal mögliche Rendite erwirtschaftet.
- Umfangreiches Produktangebot
  Die Emittenten, allen voran das Bankhaus Sal. Oppenheim und die BHF-Bank, sorgen mit einem laufend aktuellen Angebot für attraktive Emissionen auf die unterschiedlichsten Basiswerte.

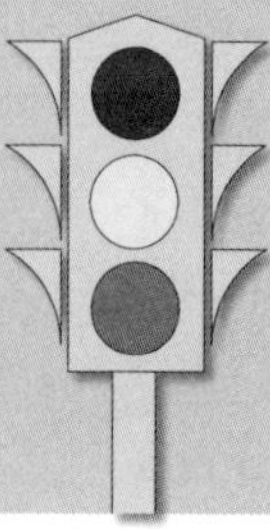

Zertifikate-Ampel:

Chance: auf Zinssatz begrenzte Gewinnchancen

Risiko: Risikopuffer (Zinssatz) sorgt nur im begrenzten Umfang für Kapitalschutz

Steuer: Negativ (das heißt Kursgewinne und Zinserträge immer steuerpflichtig)

2.4 Bonus-Zertifikate

Hintergrund

Wer auf steigende Trends in einzelnen Aktien oder Indizes setzt, geht nicht nur das Risiko ein, dass der Kurs der Aktie sinkt, er wird auch keinen Ertrag erwirtschaften, wenn die Aktie sich seitwärts bewegt, ausgenommen, das Unternehmen zahlt eine ordentliche Dividende. In allgemein unsicheren Börsensituationen können Bonus-Zertifikate eine interessante Anlagealternative sein. Sie ermöglichen eine ordentliche Rendite und sichern so einen langfristigen Depoterfolg.

Bonus-Zertifikate bieten dabei eine optimale Lösung. Sie kombinieren attraktive Renditen in Seitwärtsmärkten mit einem großzügigen Risikopuffer. Zur Erwirtschaftung der Bonus-Chance genügt Ihnen analog den Discount-Zertifikaten eine seitwärts tendierende oder sogar leicht fallende Aktie. Wichtig ist allerdings, dass die Aktie während der Laufzeit nie eine Kursbarriere unterhalb des aktuellen Kurses berührt oder unterschreitet. In diesem Fall verfällt die Bonus-Chance, und der Anleger erhält am Laufzeitende des Zertifikats den aktuellen Wert ausbezahlt. Das Zertifikat hat dann die identische Entwicklung wie ein direktes Investment in die Aktie.

Das Besondere an Bonus-Zertifikaten ist allerdings, dass Anleger auf die Gewinnchancen eines starken Aufwärtstrends nicht verzichten müssen. Das Bonus-Zertifikat profitiert im vollen Umfang und unbegrenzt von einer positiven Performance der Aktie.

Funktionsweise

Bonus-Zertifikate beziehen sich immer auf einen Basiswert. Dies kann ein Index oder auch eine Aktie sein. Auch Bonus-Zertifikate auf Brent-Crude Oil (Öl) wurden bereits emittiert. Bonus-Zertifikate haben immer ein Bonus-Level, eine Barriere und eine begrenzte Laufzeit.

Bei der Emission des Zertifikats wird das Bonus-Level oberhalb des Börsenkurses der Aktie festgelegt (zum Beispiel 140 Prozent des Börsenkurses). Die Barriere wird unterhalb des Aktienkurses fixiert (zum Beispiel 65 Prozent des Börsenkurses).

Beispiel: Ein Anleger erwirbt ein Bonus-Zertifikat auf eine Aktie mit einer Laufzeit von fünf Jahren. Der Kurs der Aktie steht aktuell bei 40 Euro. Das Bonus-Zertifikat kostet ebenfalls 40 Euro. Das Bonus-Level beträgt 140 Prozent, die Barriere 65 Prozent. Daraus ergeben sich folgende Kursniveaus.

Kurs Bonus-Zertifikat:	40 Euro
Bonus-Level:	56 Euro (140 Prozent)
Barriere-Level:	26 Euro (65 Prozent)

Am Laufzeitende des Zertifikats sind zwei Fälle zu unterscheiden:

1. Die Barriere der Aktie wurde nie berührt oder unterschritten.
Der Anleger erhält pro Zertifikat den Wert der Aktie ausbezahlt, mindestens aber 56 Euro (Bonus-Betrag). Dabei kann die Aktie auch unter dem Ausgangsniveau liegen (zum Beispiel 30 Euro). Da aber die Barriere nie berührt wurde, wird der Bonus-Betrag ausbezahlt. Ist die Aktie dagegen über das Bonus-Level hinaus gestiegen, wird der höhere Kurs der Aktie ausbezahlt. Der Anleger profitiert also in vollem Umfang von den Gewinnen der Aktie, sichert sich aber bei um bis zu 35 Prozent fallenden Kursen das Bonus-Level.

2. Die Barriere wurde vom Basiswert mindestens einmal verletzt.
Der Anleger erhält nun den Wert der Aktie zurückgezahlt. Durch das Berühren der Barriere wurde die Bonus-Zahlung deaktiviert, und das Zertifikat wandelt sich in ein normales Index-Zertifikat auf die Aktie. Steht die Aktie am Laufzeitende über dem Ausgangsniveau, erwirtschaftet der Anleger natürlich auch eine positive Rendite. Steht der Kurs der Aktie darunter, erleidet er den gleichen Kursverlust, als hätte er damals nicht in das Bonus-Zertifikat, sondern direkt in die Aktie investiert.

Die Grafiken sollen die jeweiligen Szenarien verdeutlichen.

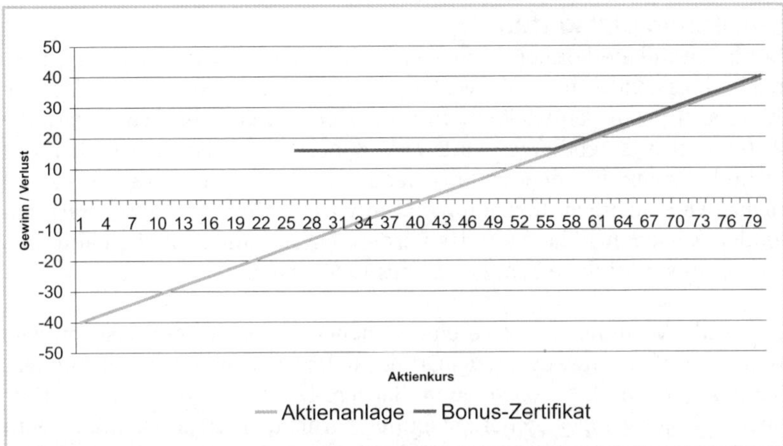

Gewinnprofil eines Bonus-Zertifikats (65% Barriere, 40% Bonus – Barriere wurde nicht berührt)

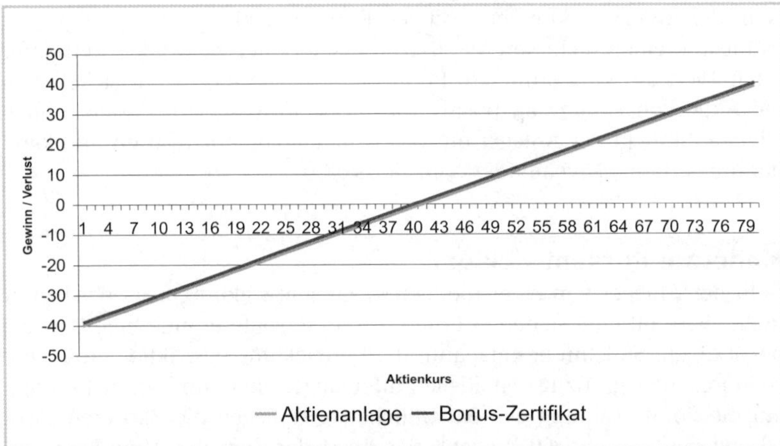

Gewinnprofil eines Bonus-Zertifikats (65% Barriere, 40% Bonus – Barriere wurde während der Laufzeit berührt)

Einsatzmöglichkeiten

Bonus-Zertifikate können in zwei verschiedenen Marktumfeldern erfolgreich eingesetzt werden. Entweder geht der Anleger davon aus, dass die Aktie sich positiv entwickeln wird, oder er ist sich sehr sicher, dass die Aktie seitwärts tendieren wird. Der Bonus-Mechanismus ist eher das Sicherheitsnetz für den enttäuschenden Fall, dass sich der Basiswert nicht, wie eigentlich angenommen, entwickelt. Geht man von stark fallenden Kursen aus, die dann das Barriere-Niveau unterschreiten könnten, sind Bonus-Zertifikate kein geeignetes Investment.

Für beide Meinungen gibt es eine geeignete Strategie, um das optimale Bonus-Zertifikat auszuwählen. Grundsätzlich gibt es einen Zusammenhang zwischen Bonus-Level und Barriere-Level. Je höher die Barriere liegt, also je weniger Sicherheitspuffer vorhanden ist, desto höher wird das Bonus-Level ausfallen und umgekehrt.

Positive Kursentwicklung

Geht der Anleger von einer positiven Kursentwicklung der Aktie aus, ist es ratsam, einen nicht so großzügigen Risikopuffer zu wählen und dafür mehr Wert auf eine attraktive Bonus-Zahlung zu legen. Entwickelt sich die Aktie von Anfang an positiv und verbleibt dann auf diesem hohen Niveau, braucht der Anleger nur das Laufzeitende abzuwarten und kann dann das Bonus-Niveau oder mehr kassieren.

Moderate Kursentwicklung

Geht der Anleger von einer moderaten Kursentwicklung aus oder legt er mehr Wert auf eine sicherere Bonus-Zahlung, sollte er eine tiefe Barriere bevorzugen. So kann er entspannt die Entwicklung der Aktie betrachten, ist durch den großzügigen Risikopuffer abgesichert und kann beruhigt auf die Bonus-Zahlung warten. Üblicherweise liegen die Barrieren aktuell zwischen 75 und 60 Prozent, das heißt der Kurs der Aktie kann um maximal 40 Prozent fallen, bevor der Bonus-Betrag verfällt. Die meisten Neuemissionen werden ebenfalls mit diesen Barrieren emittiert. Gerade bei Aktienindizes sind in einem normalen Marktumfeld Kursrückgänge im Bereich 30 bis 40 Prozent eher unwahrscheinlich.

Hat der Anleger sich einmal für ein Bonus-Zertifikat entschieden, muss er während der Laufzeit eigentlich nur in zwei Fällen eine Entscheidung treffen: Notiert das Zertifikat über dem Bonus-Level, könnte es ratsam sein, das Zertifikat in ein anderes mit erneuter Bonus-Chance zu tauschen. Er tauscht dabei einen großzügigen Risikopuffer gegen eine erneute Bonus-Chance. Allerdings erhöht er dabei das Risiko eines Kursrückgangs mit einhergehender Verletzung der Barriere. Wurde die Barriere einmal berührt und ist das Bonus-Niveau verfallen, bietet das Bonus-Zertifikat keine Vorteile gegenüber einer direkten Aktienanlage. Der Anleger sollte dann entscheiden, ob er wieder die Aktie zurücktauscht, um zum Beispiel die Dividende zu vereinnahmen, oder ob er ein neues Bonus-Zertifikat mit noch nicht verletztem Barriere-Niveau erwirbt.

Vorteile von Bonus-Zertifikaten

- Risikooptimierung
  Bonus-Zertifikate optimieren durch ihre Kombination aus Risikopuffer und Bonus-Chance ein direktes Aktieninvestment.
- Einfach und transparent
  Bonus-Zertifikate entwickeln sich spätestens zum Laufzeitende identisch zum Basiswert (Aktie).
- Breites Anlageuniversum
  Am Markt wird derzeit eine Vielzahl von unterschiedlichen Bonus-Zertifikaten mit unterschiedlichen Barrieren, Bonus-Levels und Laufzeiten angeboten. Anleger können so das auf ihre Marktmeinung optimal passende Zertifikat auswählen.
- Steuereffizient
  Der Gewinn von Bonus-Zertifikaten ist nach derzeitiger Rechtsprechung nach Ablauf der Spekulationssteuerfrist steuerfrei.
- Leichte Handelbarkeit
  Die Zertifikate können jederzeit mit dem Emittenten über die Börse oder direkt außerbörslich gehandelt werden.

Kennzahlen

Bonus-Rendite und Bonus-Rendite p. a.

Diese Kennzahl gibt darüber Auskunft, mit welcher Rendite der Anleger am Ende der Laufzeit rechnen kann. Um Bonus-Zertifikate besser miteinander vergleichbar zu machen, wird die Bonus-Rendite auf die Restlaufzeit bezogen und als Per-annum (p. a.)-Wert ausgedrückt.

Abstand der Aktie zur Barriere:
Der Blick auf den Abstand des Basiswertes zur Barriere ist ebenfalls sehr wichtig. Der Bonus-Mechanismus ist nur so lange intakt, wie der Basiswert die Barriere nicht irgendwann während der Laufzeit erreicht oder unterschreitet. Die für möglich gehaltenen Kursverluste in der Aktie sollten den Abstand zur Barriere beim ausgewählten Zertifikat daher nie übertreffen. Sonst wäre ein Investment in das Zertifikat anstelle der Direktanlage sinnlos. Der Abstand zur Barriere steht mit der Bonus-Chance in einer untrennbaren Wechselwirkung: Je größer der Sicherheitspuffer ausfällt, desto geringer ist die Bonus-Chance und umgekehrt.

Abstand der Aktie zum Bonus-Level:
Der prozentuale Abstand der Aktie vom Bonus-Level gibt Aufschluss darüber, wie stark die Aktie bis zu diesem Kursniveau ansteigen müsste. Hieraus lässt sich eine weitergehende Beurteilung der Bonus-Chance ableiten, die ja im Zertifikat bereits bei einer lethargischen Entwicklung der Aktie realisiert wird. Die zugrunde liegende Aktie muss diese Rendite erst noch selbst erwirtschaften.

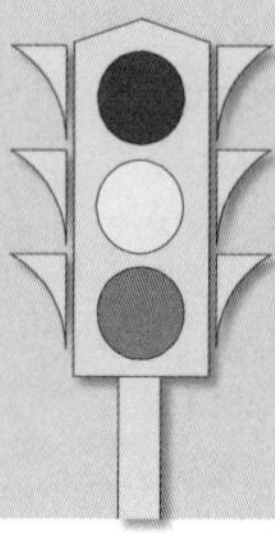

Zertifikate-Ampel:

Chance: volle Gewinnchancen

Risiko: Risikopuffer (Barriere) sorgt für Renditezahlung auch bei Kursrückgängen

Steuer: positiv (das heißt nach zwölf Monaten Kursgewinne steuerfrei)

2.5 Express-Zertifikate

Hintergrund

Mit Express-Zertifikaten kann der Anleger auf die Entwicklung einer Aktie oder eines Aktienmarktes in Form eines Index setzen. Express-Zertifikate sind kündbar; das bedeutet, dass sie während der Laufzeit vorzeitig vom Emittenten zurückgezahlt werden können. Diese Kündigung erfolgt anhand der bei der Emission des Zertifikats festgelegten Regeln. Gerade in seitwärts laufenden Märkten bieten sie hervorragende Renditechancen. Express-Zertifikate versprechen in Seitwärtsmärkten überdurchschnittliche Renditechancen, gegen Kursverluste mindestens eine Teilkaskoversicherung und, wenn alles planmäßig funktioniert, einen Zieleinlauf in Bestzeit.

Funktionsweise

Zu Beginn der Laufzeit wird das Ausgangsniveau eines Index festgeschrieben. In der Zukunft wird dann an jährlichen Stichtagen der aktuelle Indexstand mit dem Ausgangspunkt verglichen. Liegt er mindestens auf demselben Niveau wie bei Auflage, wird das Zertifikat zu einem zuvor vereinbarten Betrag automatisch zurückgezahlt. Dieser Betrag (die Rendite) bewegt sich meist im hohen einstelligen Bereich, häufig ist er sogar zweistellig. Schließt der Index mit einem niedrigeren Wert, verlängert sich die Laufzeit des Zertifikats automatisch um ein weiteres Jahr. Danach wird dann wieder überprüft, ob der Index über dem Ausgangsniveau liegt. Steht der Index dann darüber, wird das Zertifikat im Jahr zwei gekündigt, dann allerdings mit einem noch höheren Rückzahlungsbetrag. Je später die Rückzahlung erfolgt, desto höher sind die Rückzahlungsbeträge. Bei Express-Zertifikaten auf den DJ EuroStoxx50 ist zum Beispiel eine Ertragschance von acht Prozent pro Laufzeitjahr durchaus realistisch. Bei einer Rückzahlung nach einem Jahr realisiert der Anleger also acht Prozent Ertrag, nach zwei Jahren 16 Prozent Ertrag, nach drei Jahren 24 Prozent oder nach vier Jahren 32 Prozent. Dies setzt natürlich voraus, dass der Index zu den jeweiligen Rückzahlungsstichtagen mindestens seinem Niveau bei Auflage des Zertifikats entspricht.

Sollte der DJ EuroStoxx50 an jedem der vier Betrachtungstage im Minus stehen, entsteht zunächst kein Kapitalverlust. Vielmehr greift ein Sicherheitspuffer, der Kursrückgänge bis zu einem vorab definierten Betrag voll abfedert. Risikopuffer in Höhe von 25 bis 30 Prozent sind denkbar. Anleger wären also gegen Kursverluste zum Laufzeitende von bis zu 30 Prozent voll geschützt. Noch stärkere Kursrückgänge würden dann analog einem direkten Index-Investment zu Kapitalverlusten führen.

Mittlerweile wurden die ersten Varianten der Express-Zertifikate modifiziert und um einige Features erweitert, die im Wesentlichen die Wahrscheinlichkeit erhöhen sollen, die versprochene Rendite zu erhalten und die vorzeitige Kündigung zu ermöglichen.

So muss bei einigen Zertifikaten der Index nicht mehr über dem Ausgangsniveau stehen; es reicht schon, wenn er bei 80 bis 95 Prozent des Ausgangsniveaus notiert. Anleger haben also nochmals etwa 15 Prozent Luft, um an die hohe Kapitalrückzahlung zu kommen. Auch für kurz- bis mittelfristig orientierte Anleger werden Express-Zertifikate angeboten. Dabei wird der Index nicht jährlich, sondern quartalsweise betrachtet. Somit kann das Zertifikat bereits nach drei Monaten wieder endfällig werden und eine interessante Rendite abwerfen. Die jährlichen Rückzah-

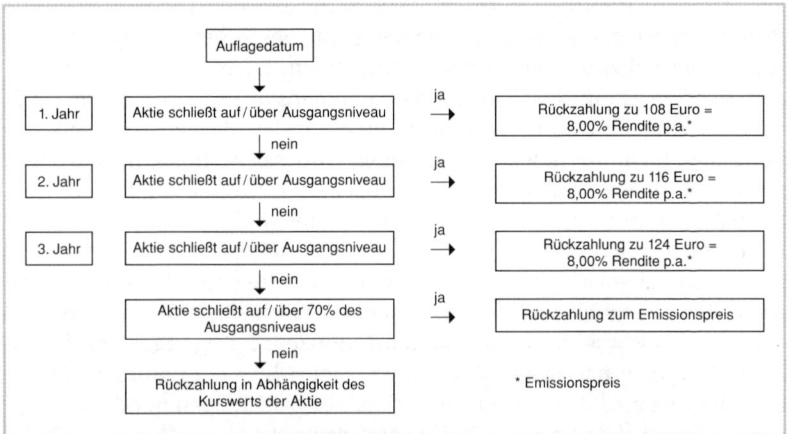

Funktionsweise eines Express Zertifikats

lungsbeträge werden dabei auf die Quartale umgelegt, sodass eine jährliche 108-Euro-Rückzahlung bei diesen kurzfristigen Express-Zertifikaten auf vier Quartale gesplittet werden kann. Das bedeutet, dass es zu Auszahlungen von 102 ,104, 106 oder 108 Euro alle drei Monate kommt.

Die Grafik auf Seite 42 soll Ihnen das Prinzip der Express-Zertifikate veranschaulichen.

Einsatzmöglichkeiten

Am besten sollte sich der Markt seitwärts bewegen beziehungsweise leicht steigen, denn dann werden Express-Zertifikate schnell fällig, und die Anleger erzielen eine tolle Rendite. Besonders interessant ist das auch, wenn in den ersten Jahren die Zertifikate nicht gekündigt werden und der Rückzahlungsbetrag laufend ansteigt. Sollte der Index an den Kündigungterminen immer knapp unter dem Ausgangspunkt notieren, wird sich der Kurs des Zertifikats dennoch nahe dem Kündigungskurs bewegen, denn die Wahrscheinlichkeit einer Kündigung nach einem Jahr liegt quasi wieder bei 50:50, allerdings mit einem doppelt so hohen Rückzahlungsgewinn. Die Chance hat sich also verdoppelt, die Rückzahlungswahrscheinlichkeit ist aber nahezu gleich geblieben. Sie sollten sich bestehende Express-Zertifikate am Markt ansehen. Dort kann man unter Umständen Zertifikate finden, die nicht gekündigt wurden und zu attraktiven Konditionen erworben werden können. Letztendlich geht es ja darum, das Chance-Risiko-Verhältnis zu optimieren.

Einen Nachteil besitzen Express-Zertifikate: Ist der zugrunde liegende Index stark gestiegen, so wird das Zertifikat sofort fällig, und Sie können nicht mehr von den Renditechancen des Zertifikats profitieren. Eine Modifikation der Express-Zertifikate mit dem Namen Cash-Collect zahlt bei einem Index über dem Ausgangpunkt einen Zins aus und läuft weiter. Sie haben dann die Chance, dass in den nächsten Jahren immer ein Kupon ausgezahlt wird, da der Index ja über dem Ausgangsniveau liegt. Auch diese Zertifikate haben einen Risikopuffer, der das Kapital zum Laufzeitende vor Verlusten schützt.

Vorteile von Express-Zertifikaten

- Renditechancen
  Express-Zertifikate bieten attraktive Renditen bei überschaubarem Risiko. Die Renditen liegen im hohen einstelligen beziehungsweise bei Einzelaktien im zweistelligen Bereich.
- Kapitalschutz
  Am Laufzeitende schützt ein Sicherheitspuffer den Anleger vor Kapitalverlusten, sofern das Zertifikat an allen Bewertungstagen unter dem Ausgangsniveau notierte. Wird der Sicherheitspuffer unterschritten, hat der Anleger das gleiche Risiko wie bei einer direkten Aktienanlage.
- Chance auf eine kurzfristige Geldanlage
  Durch die Kündigungsmöglichkeiten des Emittenten kann die Laufzeit sehr kurz ausfallen. Dies kann gerade für kurzfristig orientierte Geldanleger interessant sein.
- Steueroptimierung
  Durch das Totalverlustrisiko sind alle Erträge aus dieser Anlageform steuerfrei.

Kennzahlen

Kündigungsniveau

Relevant für die jährliche Kündigung ist das Kündiungsniveau. Die meisten Express-Zertifikate werden bei 100 Prozent des Ausgangsniveaus gekündigt. Verschiedene Abwandlungen kündigen bereits bei Indexständen zwischen 95 und 80 Prozent des Ausgangsniveaus. Je tiefer das Niveau, desto größer ist die Wahrscheinlichkeit einer vorzeitigen Rückzahlung.

Rückzahlungsbeträge

Diese Beträge werden bei Emission festgelegt. Wird dann das Zertifikat gekündigt, zahlt der Emittent den entsprechenden Rückzahlungsbetrag. Je länger das Zertifikat schon läuft (ohne Kündigung), desto höher ist der jeweilige Rückzahlungsbetrag.

Barriere-Level

Das Barriere-Level ist relevant für die Kapitalabsicherung. Sofern die Barriere nicht berührt oder unterschritten wird, zahlt das Zertifikat bei Fälligkeit mindestens das eingezahlte Kapital zurück. Die Barriere wird in Prozent ausgedrückt und bezieht sich auf das Kursniveau der Aktie am Emissionstag.

Zertifikate-Ampel:

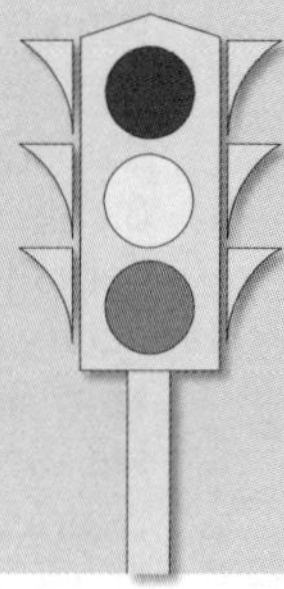

Chance: begrenzte Gewinnchancen durch fixierte Rückzahlungskurse, kurzfristige Rückzahlung möglich

Risiko: Risikopuffer (Barriere) sorgt für Sicherheit bei Kursrückgängen am Laufzeitende

Steuer: Positiv (das heißt nach zwölf Monaten Kursgewinne steuerfrei)

2.6 Power-Zertifikate

Hintergrund

Hinter dem Begriff Power-Zertifikate verstecken sich Anlage-Zertifikate, die eine hohe Partizipation an steigenden Kursen ermöglichen. Die Partizipation bewegt sich zwischen 120 und 300 Prozent. Diese Zertifikate bieten neben der erhöhten Partizipation unterschiedliche Ausgestaltungen bei fallenden Kursen. Es gibt Zertifikate, die bei fallenden Kursen 1:1 mit nach unten gehen. Andere wiederum fallen mit einem geringeren Faktor, zum Beispiel 0,8, das heißt, bei einem Rückgang von zehn Prozent fallen diese Zertifikate dann nur um acht Prozent. Die Namensgebung der Emittenten ist hier sehr unterschiedlich. Namen wie Sprint-Zertifikate, Power-Zertifikate, Outperformance-Zertifikate, und auch Airbag-Zertifikate sind hier zu finden. Zu den interessantesten Formen zählen die stark an Bonus-Zertifikate erinnernden Power-Zertifikate.

Funktionsweise

Diese Zertifikate versprechen keine Bonus-Zahlung, sondern bieten neben dem Sicherheitspuffer (mit Kapitalrückzahlung, sofern er nicht berührt oder unterschritten wird) eine hohe Partizipation an einem Index oder einer Aktie. Anleger können so Power-Zertifikate einsetzen, wenn sie davon ausgehen, dass eine Aktie oder auch ein Index in der Zukunft stark steigen wird. Das Power-Zertifikat wird dann davon überproportional profitieren. Wichtig zu wissen ist, dass diese Hebelwirkung nicht bei fallenden Kursen gilt, sondern nur bei einer positiven Entwicklung des Basiswerts Berücksichtigung findet.

Wenn ein Anleger seine bestehenden Depotpositionen aggressiver gestalten möchte, sollte er sich ein passendes Power-Zertifikat suchen und dieses dann gegen seine Aktienposition oder ein Index-Investment tauschen. Steigt dann der Kurs des Basiswerts, wird der Wert des Zertifikats überproportional daran partizipieren.

Power-Zertifikate beziehen sich immer auf einen Basiswert und weisen eine Partizipationsrate (in Prozent) auf. Eine Barriere (Sicherheitspuffer) schützt zum Laufzeitende vor Kursverlusten. Bei der Emission des Zertifikats wird die Barriere unterhalb des Aktienkurses fixiert (zum Beispiel 75 Prozent des Börsenkurses); zudem wird die Partizipationsrate definiert.

Beispiel: Ein Anleger erwirbt ein Power-Zertifikat auf eine Aktie mit einer Laufzeit von drei Jahren. Die Aktie notiert aktuell bei 40 Euro. Das Power-Zertifikat kostet bei Emission ebenfalls 40 Euro. Die Partizipationsrate beträgt 150 Prozent, der Sicherheitspuffer liegt bei 75 Prozent.

Das heißt in Zahlen:

Kurs Power-Zertifikat:	40 Euro
Partizipation:	150 Prozent
Barriere-Level:	30 Euro (75 Prozent)

Am Laufzeitende des Zertifikats sind zwei Fälle zu unterscheiden. Die Auszahlungsbedingungen gelten nur zum Laufzeitende, denn während der Laufzeit unterliegt das Zertifikat Markteinflüssen wie Dividendenänderungen, Zinsniveau- oder Volatilitätsänderungen, die den Wert der im Zertifikat enthaltenen Optionen verändern können. Der Kurs des Zertifikats kann deshalb während der Laufzeit vom Auszahlungsprofil abweichen.

Am Laufzeitende wird das Zertifikat betrachtet:

1. Die Barriere der Aktie wurde nie berührt oder unterschritten, die Aktie steht bei 50 Euro.

Die Aktie ist um zehn Euro gestiegen. Der Anleger erhält diesen Gewinn mit dem Faktor 1,5 gehebelt, da das Power-Zertifikat eine Partizipationsrate von 150 Prozent versprochen hat. Der Rückzahlungspreis des Zertifikats liegt demnach bei 55 Euro. Statt eines 25-prozentigen Kursgewinns mit der Aktienanlage hat der Zertifikate-Inhaber einen Gewinn von 37,50 Prozent erwirtschaftet.

2. Die Barriere der Aktie wurde verletzt (berührt oder unterschritten), die Aktie notiert bei 35 Euro.

Der Anleger erhält nun den Wert der Aktie zurückgezahlt. Durch das Berühren der Barriere wurde das Sicherheitsnetz zerrissen. Steht zum Laufzeitende der Kurs der Aktie unter dem Ausgangsniveau, erhält der Anleger diesen Wert ausbezahlt. Er hat einen Verlust erwirtschaftet. Steigt die Aktie aber im Verlauf der Laufzeit über das Ausgangsniveau, gilt weiterhin die hohe Partizipationsrate, und er profitiert von allen weiteren Kurssteigerungen mit 150 Prozent.

Es kann also immer nur der Sicherheitspuffer verloren gehen. Die Partizipationsrate von 150 Prozent wird immer wieder aktiv, sobald das Zertifikat über dem Ausgangsniveau notiert.

Die Grafiken sollen die jeweiligen Szenarien verdeutlichen.

Einsatzmöglichkeiten

Um die hohe Partizipationsrate bei Power-Zertifikaten voll ausnutzen zu können, benötigt der Anleger eine positive Marktmeinung – warum sonst sollte er sonst an steigenden Kursen überproportional partizipieren wollen. Alternativ könnte ein Anleger auch Hebel-Zertifikate einsetzen, doch diese weisen ein weitaus höheres Risiko auf als Power-Zertifikate.

Ein Anleger mit einem Aktiendepot geht davon aus, dass einige Werte in seinem Depot in den nächsten Monaten steigen werden. Er kann diese

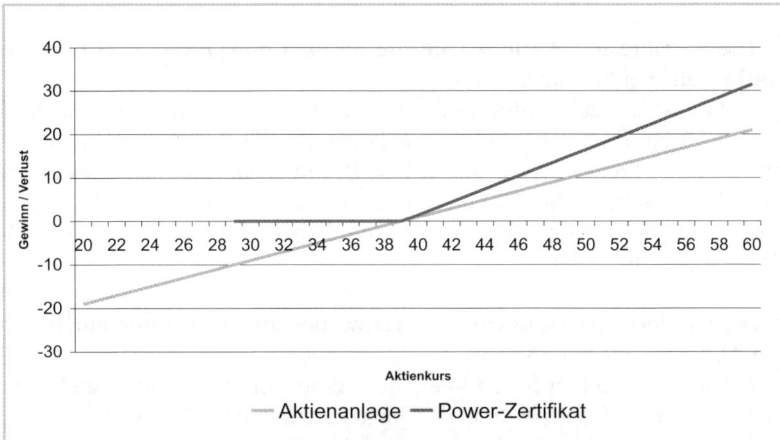

Gewinnprofil eines Power-Zertifikats (150% Partizipation, 75% Barriere – Barriere wurde nicht berührt)

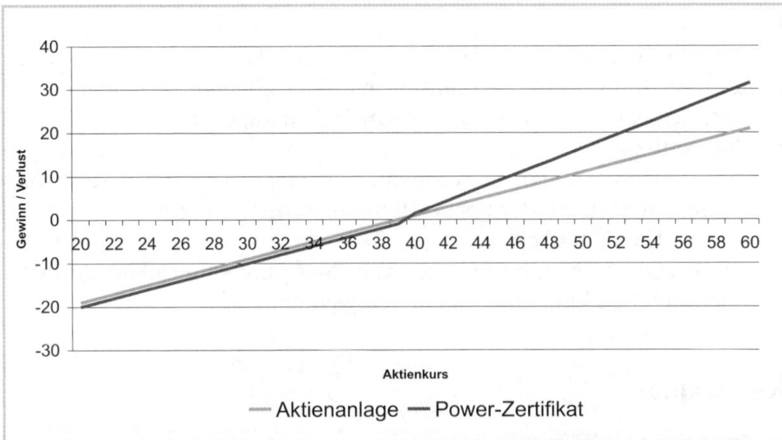

Gewinnprofil eines Power-Zertifikats (150% Partizipation, 75% Barriere – Barriere wurde berührt)

Aktien verkaufen und gegen Power-Zertifikate tauschen. Steigt eine Aktie wie angenommen, partizipiert er überproportional an deren Kursentwicklung. Bleibt die Aktie auf dem gleichen Niveau oder stagniert sie, ist das Kapital geschützt, da ja die Sicherheitsbarriere besteht und nicht berührt oder durchbrochen wurde.

Power-Zertifikate eignen sich also, um die Depotdynamik in positiven Marktphasen zu steigern und so überproportional an steigenden Kursen zu verdienen. Kommt die positive Marktentwicklung nicht zustande, ist der Sicherheitspuffer vorhanden und schützt vor Verlusten.

Vorteile von Power-Zertifikaten

- Risikooptimierung
  Power-Zertifikate optimieren bei steigenden Kursen durch ihre Kombination aus Risikopuffer und hoher Partizipation ein direktes Aktieninvestment.
- Ertragsoptimierung
  Power-Zertifikate entwickeln sich bei steigenden Kursen immer besser als der Basiswert (Aktie). Dies ist allerdings nur zum Laufzeitende garantiert.

- Anlageuniversum
  Am Markt wird eine Vielzahl von unterschiedlichen Power-Zertifikaten beziehungsweise Zertifikaten mit einer höheren Partizipation mit unterschiedlichen Barrieren und Laufzeiten angeboten.
- Steuereffizient
  Der Gewinn von Power-Zertifikaten ist nach derzeitiger Rechtsprechung nach Ablauf der Spekulationssteuerfrist steuerfrei.
- Leichte Handelbarkeit
  Die Zertifikate können jederzeit mit dem Emittenten über die Börse oder direkt außerbörslich gehandelt werden.

Kennzahlen

Partizipationsrate (Power-Level)

Die Partizipationsrate gibt darüber Auskunft, mit welchem Hebel das Power-Zertifikat ausgestattet ist. Je höher die Rate, desto mehr verdient der Anleger bei steigenden Aktienkursen.

Barriere-Level

Das Barriere-Level ist relevant für die Kapitalabsicherung. Sofern die Barriere nicht berührt oder unterschritten wird, zahlt das Zertifikat bei Fälligkeit mindestens das eingezahlte Kapital zurück. Die Barriere wird in Prozent ausgedrückt und bezieht sich auf das Kursniveau der Aktie am Emissionstag.

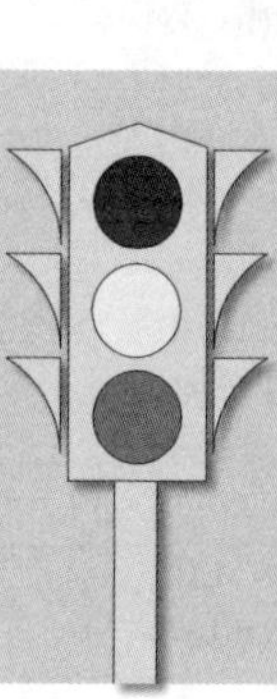

Zertifikate-Ampel:

Chance: hohe Gewinnchancen durch überproportionale Partizipation

Risiko: teilweise Kapitalschutz, solange Barriere nicht berührt wird

Steuer: Positiv (das heißt Kursgewinne nach Ablauf von zwölf Monaten steuerfrei)

2.7 Kapitalgarantierte Zertifikate

Hintergrund

Kapitalgarantierte Zertifikate bieten Anlegern zunächst einmal eines: Sicherheit. Denn wie der Name schon sagt, ist das eingesetzte Kapital garantiert. Diese Garantie gilt aber immer nur zum Laufzeitende, deswegen muss ein Anleger, der in ein Garantie-Zertifikat investiert, immer die maximale Laufzeit einplanen. Es macht für ihn keinen Sinn, ein fünfjähriges kapitalgarantiertes Zertifikat zu erwerben, wenn er das Geld bereits nach einem Jahr wieder benötigt und zusätzlich auf die Kapitalgarantie angewiesen ist. Betrachtet man die Renditechancen bei kapitalgarantierten Zertifikaten, gibt es grundsätzlich zwei verschiedene Auszahlungsvarianten.

Bei der ersten werden dem Anleger die erwirtschafteten Erträge in Form einer Zinszahlung ausgeschüttet. Diese Garantie-Zertifikate ähneln dann eher Anleihen mit variabler Ausschüttung.

Bei der zweiten Variante wird die erwirtschaftete Rendite am Laufzeitende in Form eines hohen Rückzahlungskurses ausgezahlt.

Welche Zahlungsmodalität am besten gefällt, muss jeder Anleger für sich selbst entscheiden. Aufgrund dieser unterschiedlichen Auszahlungsvarianten werden Garantie-Zertifikate mit Kuponzahlungen eher den Anleihen zugeordnet, bei Garantie-Zertifikaten mit Abhängigkeit von der Entwicklung an den Aktienmärkten eher der klassischen Aktienanlage. Es gibt eine Vielzahl von kapitalgarantierten Zertifikaten, die aber letztendlich immer nach diesen beiden Auszahlungsvarianten kategorisiert werden können.

Kapitalgarantierte Zertifikate erfreuen sich derzeit großer Beliebtheit. Der deutsche Privatanleger legt immer noch einen Großteil seines freien Vermögens in Zinsanlagen an. Er kauft Bundesschatzbriefe, Anleihen oder hortet alle Gelder auf Tagesgeldkonten oder in Geldmarktfonds. Diese Anlageformen haben in den vergangenen zehn Jahren etwa fünf bis sechs Prozent Rendite erwirtschaftet. Das ist aus heutiger Sicht eine ordentliche

Verzinsung. Heute werden diese investierten Gelder fällig und stehen zur erneuten Anlage bereit. Leider werden heute am Kapitalmarkt für Zinsanlagen mit fünfjähriger Laufzeit nur etwa drei Prozent Zinsen bezahlt – zu wenig für Anleger, deren Gelder zuvor mit sechs Prozent verzinst wurden.

Die Emittenten haben dieses Problem erkannt und bieten deswegen die unterschiedlichsten Lösungen an. Ich möchte Ihnen in diesem Kapitel drei interessante kapitalgarantierte Zertifikate-Formen vorstellen. Diese Zertifikate wurden in den vergangenen Monaten mehrmals emittiert. Man kann sagen, dass sie sich bei den Anlegern etabliert haben.

Funktionsweise

Das Prinzip aller kapitalgarantierten Produkte ist das gleiche: Basis ist ein Zero-Bond (eine Null-Kupon-Anleihe). Er sorgt dafür, dass am Ende der Laufzeit das zu Beginn eingezahlte Kapital wieder zurückgezahlt werden kann.

> **Exkurs: Zero-Bond (Null-Kupon-Anleihe)**
> So bezeichnet man eine Anleihe, die mit keinem Zinssatz ausgestattet ist. Anstelle laufender Zinszahlungen stellt die Differenz zwischen Kauf- und Rückzahlungskurs die Verzinsung dar. Der Anleger kauft die Anleihe also unter Pari (unter 100 Prozent) und erhält am Fälligkeitstag den Nominalwert zu 100 Prozent zurückgezahlt. Je länger die Laufzeit und je höher das Zinsniveau, desto größer ist der Abschlag in der Null-Kupon-Anleihe. Bei unverändertem Zinsniveau steigt der Kurs eines Zero-Bonds bis zum Laufzeitende kontinuierlich an.

Der Emittent eines kapitalgarantierten Zertifikats verwendet das Geld des Anlegers für eine Investition in einen Zero-Bond, der am Laufzeitende des Zertifikats zu 100 Prozent zurückgezahlt wird. Mit diesem Schritt ist die Kapitalgarantie zum Laufzeitende gesichert. Die Fünf-Jahres-Zinsen stehen derzeit bei etwa drei Prozent pro Jahr. Ein entsprechender Zero-Bond notiert derzeit bei etwa 86 Prozent. Dem Emittenten bleiben also noch 14 Prozent zur Finanzierung der besonderen Auszahlungsvariante übrig. Wie oder was der Emittent mit diesen 14 Prozent unternimmt, entscheidet die Ausgestaltung des Garantie-Zertifikats. Auf alle Fälle wird es in Optionen investiert, die bei Funktionieren der Strategie eine hohe Rendite versprechen.

Die nachfolgend aufgeführten Zertifikate haben sich in den vergangenen Jahren etabliert und werden immer wieder angeboten. Die Innovationskraft der Emittenten ist in diesem Segment sehr groß, sodass laufend neue oder abgewandelte Varianten angeboten werden. Der Anleger sollte sich selbst ein Bild darüber machen, wie wahrscheinlich es ist, dass die Bedingungen des Zertifikats realistisch und erreichbar sind. Dabei sollte er immer die Anzahl der Aktien oder Indizes beurteilen, die sich auf das Auszahlungsprofil beziehen. Denn was nützt ihm die Chance auf einen jährlichen Kupon von 15 Prozent, wenn die Chance, diesen zu erreichen, gleich null ist?

a) Klassisches kapitalgarantiertes Zertifikat

Das klassische kapitalgarantierte Zertifikat war das Erste seiner Art. Die Emittenten behoben mit diesem Zertifikat das Problem unsicherer Anleger, in Aktienmärkte zu investieren und das angesparte Kapital zu riskieren. Die Funktionsweise ist einfach: Der Anleger investiert in ein Garantie-Zertifikat, das sich auf den DJ EuroStoxx50 Index bezieht. Der Emittent garantiert dem Anleger, am Laufzeitende mindestens das eingezahlte Kapital zurückzuzahlen. Von den übrigen 14 Prozent (Abschlag des Zero-Bonds) kauft der Emittent Kaufoptionen auf den Index. Das Kapital reicht aus, um so viele Optionen zu erwerben, dass das Garantie-Zertifikat mit einer Partizipation von 80 Prozent am Index emittiert werden kann. Das bedeutet für den Anleger: Er kann risikolos in den DJ EuroStoxx50 Index investieren, aber anstatt 1:1 bei steigenden Kursen an der Index-Entwicklung teilzuhaben, erhält er nur 80 Prozent der positiven Wertentwicklung.

Fällt der Index bis zum Laufzeitende, verfallen die investierten Optionen wertlos. Der Zero-Bond ist in den letzten Jahren auf 100 Prozent gestiegen. Mit diesem Kapital zahlt der Emittent dem Anleger sein Kapital wieder zurück.

Steigt der Index, so steigt der Wert der Optionen erheblich. Am Laufzeitende werden dann die Optionen ausgeübt, und der Zero-Bond wird fällig. Der Emittent zahlt dem Anleger dann den entsprechenden Wert aus. Ist der Index beispielsweise um 40 Prozent gestiegen, erhält der Anleger auf seine ursprünglich investierten 100 Euro einen Betrag von 132 Euro zurückbezahlt (80 Prozent von 40 Prozent Index-Anstieg zuzüglich die eingesetzten 100 Euro).

Klassische Garantie-Zertifikate eignen sich also für Anleger, die bis zum Ende der Laufzeit kein Risiko eingehen möchten, aber dennoch an die Entwicklungschancen der Aktienmärkte glauben. Gerade Anleger mit fälligen Zinsanlagen sollten überlegen, ob sie nicht besser auf drei Prozent sichere Zinsen pro Jahr verzichten und sich dafür die Chancen der Aktienmärkte mittels eines Garantie-Zertifikats eröffnen.

Eine einfache Rechnung: Um mit dem oben beschriebenen klassischen Garantie-Zertifikat eine Rendite zu erwirtschaften wie mit einer sicheren Zinsanlage, muss der Aktien-Index jährlich nur um 3,75 Prozent steigen (3,75 Prozent x 80 Prozent Partizipation). Steigt er in den nächsten fünf Jahren höher, kann der Anleger eine deutlich höhere Rendite erwirtschaften als mit vergleichbaren Zinsanlagen.

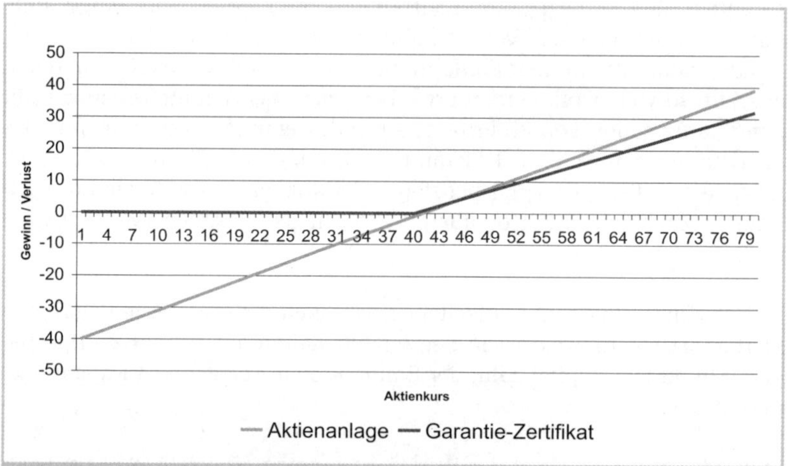

Gewinnprofil eines Garantie-Zertifikats bei 80% Partizipation

b) Momentum-Anleihe

Momentum-Anleihen, auch Swing-Anleihen genannt, bieten dem Anleger die Möglichkeit, an stark schwankenden Aktienkursen zu partizipieren. Dabei ist es aber nicht relevant, dass die Kurse steigen: Bei Momentum-Anleihen müssen die Aktien stark schwanken, egal in welche Richtung. Viele der bisher emittierten Anleihen bieten zusätzlich eine Grundverzinsung, die das Garantie-Zertifikat zu einer Anleihe mit variabler Zinszahlung macht. Natürlich werden Momentum-Anleihen auch am Laufzeitende zu 100 Prozent zurückgezahlt.

Sehen wir uns die Ermittlung der Zinszahlung etwas näher an. In regelmäßigen Zeiträumen (zum Beispiel jährlich) werden die prozentualen Veränderungen jeder einzelnen, im Zertifikat definierten Aktie betrachtet. Diese Liste mit positiven und negativen Prozentsätzen wird um die jeweiligen Vorzeichen bereinigt. Das heißt: Aus +25 Prozent werden 25 Prozent, und aus minus fünf Prozent werden fünf Prozent. Aus dieser so entstehenden Liste wird der geringste Prozentsatz für die Berechnung der Zinszahlung herangezogen. Ein konkretes Beispiel mit fünf Aktien soll dieses Prozedere verdeutlichen. Üblicherweise dienen Momentum-Anleihen zwischen 10 und 30 Aktien als Basiswerte.

Aktie	Prozentuale Entwicklung	Absolute Entwicklung
Aktie 1	+ 25 Prozent	25 Prozent
Aktie 2	– 15 Prozent	15 Prozent
Aktie 3	+ 8 Prozent	8 Prozent
Aktie 4	– 6 Prozent	6 Prozent
Aktie 5	– 5 Prozent	5 Prozent

Die Aktie 5 weist in diesem Beispiel mit fünf Prozent die geringste absolute Veränderung auf. Dieser Prozentsatz wird nun für die Zinszahlung relevant. Meist wird der entsprechende Zins noch mit einer Partizipationsrate multipliziert. Diese Partizipationsrate richtet sich nach dem Kapital, das aus dem Zero-Bond noch vorhanden ist, beziehungsweise nach der Grundverzinsung der Anleihe. Sie bewegt sich bei den bisher emittierten Anleihen zwischen 40 und 100 Prozent. In unserem Beispiel rechnen wir mit 80 Prozent Partizipationsrate. Zusätzlich hat die Anleihe eine Mindestverzinsung von 2,50 Prozent p. a.

Der Kupon beträgt: 5 Prozent x 80 Prozent = 4,00 Prozent und wird am Zinszahlungstag ausgeschüttet.

Sondervarianten:
Einige Emissionen wurden als so genannte Lock-In-Anleihe emittiert. In diesem Fall wird eine einmal erreichte höhere Zinszahlung künftig als Mindestverzinsung für diese Anleihe festgeschrieben. Der hohe Zinssatz wird für die Restlaufzeit festgeschrieben. Das ist natürlich eine sehr angenehme Funktion, denn sollten in einem sehr schlechten oder auch guten Jahr alle Aktien um 20 Prozent steigen, hat der Anleger die Chance, 80 Prozent von 20 Prozent = 16 Prozent als jährliche Grundverzinsung festzuschreiben. Auf der anderen Seite muss bei einer Grundverzinsung von 2,50 Prozent p. a. und einer Partizipationsrate von 80 Prozent die geringste absolute Abweichung mindestens 3,12 Prozent übersteigen (3,12 Prozent x 80 Prozent = 2,50 Prozent).

Besonders interessant an Momentum-Anleihen ist die Unabhängigkeit von der Kursentwicklung. Egal ob die Kurse steigen oder fallen, es kann in jeder extremen Marktphase ein hoher Kupon erwirtschaftet werden. Je geringer die Aktien schwanken, desto höher ist natürlich auch die Wahrscheinlichkeit, dass die Anleihe nie die Mindestverzinsung übersteigt oder sogar eine Aktie immer auf der Stelle tritt, sodass auch bei höchster Partizipationsrate nie ein attraktiver Zinssatz errechnet werden kann.

Aus meiner Sicht sollten deshalb Momentum-Anleihen mit Grundverzinsung bevorzugt werden. Der Anleger hat hier immer die Gewissheit, regelmäßige Einnahmen zu erhalten, und eröffnet sich dennoch die Chance auf eine höhere Verzinsung.

c) Rendite-Express-Anleihen
Eine weitere sehr interessante kapitalgarantierte Anleihe sind die so genannten Rendite-Express-Anleihen beziehungsweise die kapitalgarantierten Express-Zertifikate. Hier wird der Charakter einer Zinsanlage mit dem einer Aktienanlage gemischt. Denn die Funktionsweise ermöglicht es dem Anleger, entweder bereits nach einem Jahr oder mehreren Jah-

ren eine hohe Verzinsung zu erwirtschaften oder innerhalb der nächsten Jahre ein kapitalgarantiertes Investment einzugehen.

Im Detail funktionieren diese Anleihen nach folgendem Muster: Am Anfang der Laufzeit wird ein bestimmter Index-Stand, zum Beispiel der des DJ EuroStoxx50 Index, festgeschrieben. Nach einem Jahr vergleicht man diesen Stand mit dem aktuellen Index. Steht der aktuelle Index gleich oder über dem fixierten Stand, wird die Anleihe mit einem festen Betrag, zum Beispiel 108 Euro (bei 100 Euro Einsatz), zurückgezahlt. Der Anleger hat also die Chance, bei steigenden Aktienmärkten eine Ein-Jahres-Anlage mit acht Prozent Verzinsung zu erhalten. Steht der Index am Stichtag unter dem fixierten Index-Niveau (der Markt ist also gefallen), dann verlängert sich die Laufzeit der Anleihe um einige Jahre – dann allerdings mit einer hohen Partizipationsrate am DJ EuroStoxx50 Index (zum Beispiel 100 Prozent) und einer eingebauten Kapitalgarantie zum Laufzeitende. Egal was also nach einem Jahr passiert: Entweder hat der Anleger eine Ein-Jahres-Anlage mit einem hohen Zinssatz, oder er kommt in den Genuss einer risikolosen Aktienanlage mit ungewisser, aber an den Aktienmarkt gekoppelter Rückzahlung. Beide Rückzahlungen sind aus meiner Sicht attraktiv.

Einsatzmöglichkeiten

Wie die drei vorgestellten Garantie-Zertifikate dargelegt haben, können Garantie-Anleihen als hervorragende Alternative für eine Aktienanlage oder eine alternative Anleihe genutzt werden. Welche man dann letztendlich auswählt, hängt von der Risikofreudigkeit beziehungsweise dem persönlichen Marktgespür des Anlegers ab.

Ist der Anleger eher sicherheitsorientiert, sollten Garantie-Zertifikate mit hohen garantierten Zinszahlungen bevorzugt werden. Werden diese sicheren Zinseinnahmen nicht unbedingt benötigt, kommen eher an Aktienanlagen orientierte Garantie-Zertifikate in Frage. Der Anleger sollte allerdings darauf achten, dass die gewählten Laufzeiten der Zertifikate nicht zu lange sind. Sollte er während der Laufzeit das Kapital aus der Anlage benötigen, kann es passieren, dass der Kurs des Zertifikats unter 100 Prozent notiert. Die Kapitalgarantie gilt aufgrund des eingesetzten Zero-Bonds nur zum Laufzeitende. Sollten die Chancen, mit dem Garantie-Zertifikat jemals eine hohe Rendite zu erwirtschaften, aussichtslos sein – das heißt, die im Zertifikat enthaltenen Optionen sind wertlos –, dann notiert das Zertifikat nahe am Kurs des Zero-Bonds. In unserem Beispiel war das ein Kurs zwischen 86 und 100 Prozent. Muss der Anleger dann verkaufen, ist dieser Verlust ausgerechnet mit einem Garantie-Zertifikat sehr ärgerlich.

Exkurs: Steuerliche Behandlung von Garantie-Zertifikaten
Garantie-Zertifikate sind Finanzinnovationen. Diese Bezeichnung verwendet das Finanzamt seit 1994 für eine Reihe von Wertpapieren, die darauf abzielen, steuerpflichtige Einnahmen in steuerfreie Kursgewinne umzuwandeln. Das ist zum Beispiel bei den klassischen Garantie-Zertifikaten der Fall: Sie versprechen keine Zinsen, versuchen aber, durch ihre Konstruktion einen hohen Rückzahlungskurs in der Zukunft zu erreichen. Diese Kursgewinne müssten dann aufgrund einer längeren Haltefrist von einem Jahr nicht versteuert werden. Liegt aber eine Finanzinnovation vor, sind neben den laufenden Zinsen auch sämtliche Kursveränderungen – auch außerhalb der derzeitigen Ein-Jahres-Frist – als Kapitaleinnahme zu versteuern. Gewinne unterliegen beim Verkauf oder bei Fälligkeit sogar dem Zinsabschlag. Einziger Vorteil dieser steuerlichen Behandlung: Verluste können mit anderen Einkünften verrechnet werden.

Vorteile von Garantie-Zertifikaten:

- Chance auf hohe Zins-Kapitalzahlungen
  Garantie-Zertifikate ermöglichen es Anlegern, bei Erreichen bestimmter Bedingungen hohe Zinseinnahmen oder Kapitalzahlungen einzustreichen. Ausgefeilte Strategien können umgesetzt werden, die für den Anleger selbst meist nicht zu realisieren wären.
- Risikoreduzierung
  Durch die garantierte Kapitalrückzahlung am Laufzeitende können gerade unerfahrene oder sicherheitsorientierte Anleger in den Aktienmarkt investieren und so bei steigenden Kursen überdurchschnittliche Renditen erzielen.
- Risikoloser Marktzugang
  Garantie-Zertifikate gibt es auf viele verschiedene Märkte und Regionen (Europa, Asien, Japan, Amerika usw.). Anleger können so in

Märkte investieren, die sonst mit großen Risiken verbunden wären.

- Leichte Handelbarkeit
  Die Zertifikate können jederzeit mit dem Emittenten über die Börse oder direkt außerbörslich gehandelt werden. Das Zertifikat kann unter Berücksichtigung des Kurses jederzeit veräußert werden.

Zertifikate-Ampel:

Chance: attraktive Gewinnchancen über Zinszahlungen oder Aktienpartizipation

Risiko: Kapitalgarantie zum Laufzeitende sorgt für Sicherheit

Steuer: Negativ (das heißt Zinszahlungen und Kursgewinne müssen unter Berücksichtigung der persönlichen Zinsfreibeträge versteuert werden)

2.8 Rohstoff-Zertifikate

Hintergrund

In den Vereinigten Staaten von Amerika entwickelten sich im 19. Jahrhundert große organisierte Märkte zum Handel mit Rohstoffen. Chicago mit seinem Weizenhandel zählt noch heute zu den wichtigsten Terminbörsen für Rohstoffe weltweit. Farmer brachten ihre Weizenernte nach Chicago in der Hoffnung, diese dort zu einem guten Preis verkaufen zu können. Nachdem die Stadt aber nicht ausreichend Lagerplätze und kein etabliertes Verfahren für das Wiegen und Klassifizieren des Getreides hatte, waren die Farmer den Händlern ausgeliefert und mussten so oft schlechte Preise in Kauf nehmen.

Die Stadt erkannte früh, dass hier Abhilfe geschaffen werden musste. Auf Initiative einiger Geschäftsleute und mit Unterstützung der Stadt wurde ein zentraler Platz zum Handel mit Getreide eröffnet, also eine Warenbörse. Hier konnten sich Farmer und Händler treffen und so Geld gegen sofortige Getreidelieferung tauschen. Die Terminmärkte entwickelten sich später, als Farmer und Händler begannen, Verträge mit in Zukunft liegender Lieferung und Zahlung zu schließen. So konnte der Farmer die nächste Ernte zu einem festen Preis verkaufen, und der Fabrikant war sich sicher, die Ware zu festen Konditionen zu erhalten. Beide konnten mit dieser Absicherung besser kalkulieren.

Die heute größten Terminbörsen weltweit sind Chicago, wo hauptsächlich Getreide, Vieh, Fleisch, Metalle und Bauholz gehandelt werden, und New York, wo in erster Linie Nahrungsmittel-, Baumwoll-, Metall-, Erdöl- und Energie-Kontrakte umgesetzt werden. Darüber hinaus gibt es noch in anderen Ländern Terminbörsen. Die Warenterminbörse in Deutschland sitzt in Hannover. Manche wichtigen Rohstoffe wie Öl oder Gold werden rund um die Uhr gehandelt.

Für Privatanleger waren bisher direkte Investments in Rohstoffe schwierig. Der Kauf und Verkauf von Terminkontrakten war eher professionellen und vermögenden Kunden vorbehalten. Wer als Privatanleger in Rohstoffe investieren wollte, hatte meist keine Chance.

Seit kurzer Zeit bieten die Zertifikate-Emittenten ein umfassendes Angebot an derivaten Produkten: Allen voran die ABN Amro Bank, die Société Générale und Goldman Sachs bieten neben klassischen Index-Zertifikaten auch komplexere Zertifikate wie Bonus-Zertifikate oder auch kapitalgarantierte Zertifikate. Damit ist es erstmals Privatanlegern möglich, zu erschwinglichen Konditionen und ohne hohe Lagerkosten direkt und einfach über die Hausbank in Rohstoffe zu investieren.

Gab es vor einigen Jahren gerade mal Index-Zertifikate auf Öl, Gold oder Platin, wurde im Jahr 2004 die Produktpalette rasant ausgeweitet. Die Emittenten bieten heute Index-Zertifikate auf wichtige Industriemetalle, die Agrar- und Fleischmärkte. In fast jeden Rohstoff kann heute mittels Zertifikaten investiert werden.

Wichtig für die Anlage in Rohstoff-Zertifikate: Die Rohstoffpreise unterliegen ganz besonderen Einflüssen. Saisonalität, das Wetter und Transportwege spielen eine wichtige Rolle. Im Rohstoffmarkt treffen real Angebot und Nachfrage aufeinander. Wird beispielsweise mehr Kaffee nachgefragt als vorhanden, steigt der Preis zwangsläufig. Zerstört ein Unwetter Kaffeeplantagen in Brasilien, kommt es womöglich zu einer Angebotsverknappung, die bei gleich bleibender Nachfrage den Preis nach oben treibt. Auch politische Faktoren wie ein Putsch, Handelsbeschränkungen und auch Spekulanten treiben die Kurse an.

Funktionsweise

Rohstoff-Zertifikate gibt es in allen möglichen Formen. Neben Index-Zertifikaten auf einzelne Rohstoffe oder Indizes, Garantie-Zertifikaten und Bonus- oder Express-Zertifikaten werden auch für professionelle Anleger Hebel-Zertifikate angeboten. Die jeweilige Funktionsweise dieser Strukturen wurde in diesem Buch vorgestellt.

Für die meisten Anleger ist es ausreichend, grundsätzlich in den Rohstoff-Sektor zu investieren. Die Emittenten bieten Index-Zertifikate auf Rohstoff-Indizes, die sich aus den wichtigsten Rohstoff-Segmenten zusammensetzen und gegebenenfalls sogar überprüft und angepasst werden. Die wichtigsten Indizes sind die Indexfamilie um den Goldman Sachs Commodity Index, der durch seinen Namensgeber Jim Rogers bekannte Rogers International Commodity Index und der vom Verlagshaus Dow Jones veröffentlichte Dow Jones-AIG Commodity Index. Einige Emittenten haben auch Rohstoff-Baskets zusammengestellt, die zum Beispiel Industriemetalle oder Agrarprodukte zusammenfassen.

Einsatzmöglichkeiten

Die Theorie beweist es: Rohstoff-Investments reduzieren erheblich das Gesamtrisiko in einem Depot. Wie zahlreiche Studien belegen, hängen mehr als 80 Prozent des Portfoliorisikos von der Depotzusammensetzung, das heißt der Aufteilung nach Anlageklassen (Aktien, Anleihen, Rohstoffe usw.), ab. Trotz dieser Erkenntnis ist die Anlagestrategie der Anleger immer stark auf Einzeltitel ausgerichtet, anstatt sich mit der strategischen Depotzusammensetzung zu beschäftigen.

Neben der Titelauswahl und dem Timing bei der Aktienanlage wird das Risiko im Depot nur über die Reduzierung des Aktienanteils zu Gunsten von Anleihen oder Festgeld gesteuert. Anlagen mit einer langfristigen oder nur geringen Korrelation, das heißt einer konträren Entwicklung zueinander, werden zu wenig berücksichtigt. Man muss wissen: Aktien und Anleihen korrelieren langfristig positiv miteinander, was zu einer geringen Risikoverteilung führt. Nach zwei Jahrzehnten steigender Aktien- und Rentenmärkte wurde die Anlageklasse Rohstoffe, die sich durch eine sehr negative Korrelation zu Aktien und Anleihen auszeichnet, komplett vernachlässigt. Kaum ein Anleger hat Rohstoff-Investments in seinem Depot.

Diese langfristig negative Korrelation zu Aktien und Anleihen bedeutet, dass die Beimischung von Rohstoffinvestments bei gleichem Gesamtrisiko die Rendite steigern lässt beziehungsweise die gleiche Rendite mit einem geringeren Risiko erwirtschaftet werden kann. Ein optimaler Anteil von Rohstoff-Investments in einem Depot wäre eine Gewichtung von etwa 15 bis 20 Prozent. Diesen Depotanteil kann heute ein Anleger praktisch mit den angebotenen Index-Zertifikaten umsetzen.

Vorteile von Rohstoff-Zertifikaten:

- Portfolio-Diversifikation
  Eine Rohstoffbeimischung von 15 bis 20 Prozent in einem Wertpapierdepot reduziert das Gesamtrisiko erheblich, ohne die Renditechancen zu reduzieren.
- Index-Abbildung
  Interessante Index-Konstruktionen ermöglichen eine breit gestreute Beimischung von Rohstoffen.
- Optimaler Marktzugang
  Die Angebotspalette an handelbaren Rohstoff-Zertifikaten hat in den vergangenen Monaten stark zugenommen. Heute kann in fast jeden Rohstoff direkt über Index-Zertifikate investiert werden.
- Leichte Handelbarkeit
  Die Zertifikate können jederzeit mit dem Emittenten über die Börse oder direkt außerbörslich gehandelt werden. Privatanleger haben so erstmals die Möglichkeit, zu günstigen Konditionen in die Anlageklasse Rohstoffe zu investieren.

Zertifikate-Ampel:

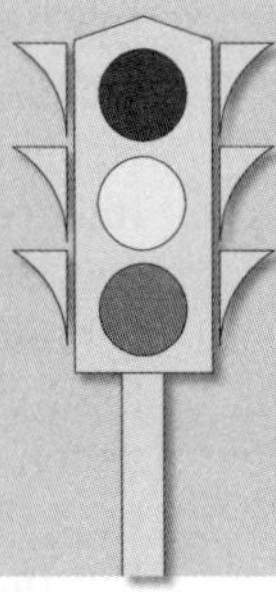

Chance:	attraktive Gewinnchancen durch Diversifikation
Risiko:	Die Besonderheiten der Rohstoffmärkte weisen hohe Kursrisiken auf. Im Portfolio eingesetzt, können Rohstoff-Investments das Risiko reduzieren.
Steuer:	positiv (das heißt bei Indexzertifikaten Kursgewinne nach Ablauf der Spekulationsfrist steuerfrei)

2.9 Hebel-Zertifikate

Hintergrund

Als Ursprung des gesamten Marktes für verbriefte Derivate kann 1989 die Emission eines gedeckten Optionsscheins durch Trinkaus & Burkhardt genannt werden. Seit damals setzten Optionsscheine zu einem großen Siegeszug an und wurden von immer mehr Anlegern eingesetzt, um mit einem hohen Hebel an der Marktentwicklung zu partizipieren. Im Jahr 2001 kam dann eine Weiterentwicklung von Optionsscheinen auf den Markt. Infolge der Terroranschläge vom 11. September 2001 hatten die impliziten (erwarteten) Volatilitäten die Optionsscheinpreise in neue, rekordverdächtige Höhen geschickt, sodass die Optionsprämien sich stark verteuert hatten. Die Weiterentwicklung verband die Vorteile von Optionsscheinen, also die Spekulation auf steigende und fallende Kurse sowie den Hebeleffekt, mit den Vorteilen von Index-Zertifikaten. Sie bildeten den Index-Verlauf 1:1 mit einer entsprechenden Hebelwirkung ab.

Die Produkte erschienen unter Namen wie Listed Index Future oder Listed Stock Future oder eben Turbos. Heute werden sie im Allgemeinen als Hebel-Zertifikate bezeichnet. Hebel-Zertifikate können sich auf Aktien-Indizes oder einzelne Aktien, Währungen oder Zinsen beziehen. Die Laufzeit ist entweder Open End (unbegrenzt) oder begrenzt. Die derzeit noch gebräuchlichste Laufzeitenvariante ist die mit einer festen Laufzeit. Einige Emittenten haben ihre Produktpalette aber schon auf unbegrenzte Laufzeiten umgestellt.

Der Inhaber eines Hebel-Zertifikats Long (steigende Kurse) hat zur Fälligkeit Anspruch auf die Differenz zwischen dem Kurs des Basiswerts und dem Basispreis. Der Inhaber eines Hebel-Zertifikats Short (fallende Kurse) hat Anspruch auf die Differenz zwischen Basispreis und Kurs des Basiswerts – aber nur dann, wenn der Kurs des Basiswerts den Basispreis während der Laufzeit nie unterschritten (long) beziehungsweise überschritten (short) hat.

Hebel-Zertifikate sind grundsätzlich eher spekulative Wertpapiere, da die hohe Hebelwirkung und das plötzliche Fälligwerden neben hohen Kursschwankungen auch zu einem Totalverlust führen können. Dosiert eingesetzt in einem Portfolio, können sie die Gesamtportfolio-Rendite bei positiver Entwicklung ordentlich steigern.

Funktionsweise

Ausgangspunkte für den Preis eines Hebel-Zertifikats sind die Aktie und das Knock-out-Level. Hinzu kommt ein Aufgeld, das rechnerisch den Finanzierungskosten für den Kauf der Aktien, reduziert um eventuelle Dividendenzahlungen, entspricht.

Ein Beispiel auf unsere schon bekannte Aktie soll die Funktionsweise anhand eines Hebel-Zertifikats auf steigende Kurse aufzeigen:

Kurs der Aktie:	40 Euro
Knock-out-Level:	30 Euro
Aufgeld:	1,50 Euro
Bezugsverhältnis:	1:1

Das Hebel-Zertifikat kostet in unserem Beispiel 11,50 Euro (40 – 30 + 1,50 Euro).

Der Hebel des Zertifikats beträgt 3,48 (Aktienkurs / Kurs des Hebel-Zertifikats).

Hebel-Zertifikate bilden die wertmäßige Veränderung einer Aktie 1:1 ab. Steigt die Aktie von 40 auf 45 Euro, so erhöht sich der Wert des Hebel-Zertifikats von 11,50 auf 16,50 Euro. Notiert die Aktie bei Fälligkeit bei 50 Euro, zahlt der Emittent pro Zertifikat 20 Euro (50 Euro – 30 Euro) zurück.

Mit einem Kapitaleinsatz von 11,50 Euro wurden 8,50 Euro verdient. Das entspricht einer Wertentwicklung von stolzen 73,90 Prozent. Die Aktie ist um 25 Prozent von 40 Euro auf 50 Euro gestiegen. Durch den Kauf des Hebel-Zertifikats wurde ein deutlich höherer Gewinn erwirtschaftet.

Was passiert, wenn der Kurs der Aktie einmal das Knock-out-Niveau berührt oder unterschreitet? Dann verfällt das Zertifikat sofort wertlos. Der Anleger hat dann einen Kapitalverlust von 100 Prozent erlitten. Darin steckt das große Risiko der Hebel-Zertifikate: Nur ein festgestellter Kurs auf dem Niveau der Barriere reicht aus, um das Produkt wertlos verfallen zu lassen.

Einsatzmöglichkeiten

Hebelzertifikate eignen sich aufgrund der beschriebenen Hebelwirkung erstklassig als Spekulationsobjekt. Schon mit kleinen Beträgen können große Gewinne erzielt werden. Je näher Sie das Knock-out-Level an den aktuellen Aktienkurs setzen, desto größer ist der Hebel. Ein Beispiel soll das näher beleuchten.

Eine Aktie notiert bei 40,20 Euro, der Knock-out des Zertifikats liegt bei 40 Euro. Rechnerisch müsste das Zertifikat bei etwa 0,20 Euro notieren. Der Emittent wird einen etwas höheren Preis verlangen, da das Risiko für ihn auf diesem Niveau sehr hoch ist.

Gehen wir davon aus, dass das Zertifikat etwa 0,30 Euro kostet. Steigt die Aktie nun von 40,20 Euro auf 42,00 Euro, steht der Kurs des Hebel-Zertifikats bei 2,00 Euro. Der Wert ist also um 566 Prozent gestiegen, obwohl sich die Aktie nur um 4,48 Prozent nach oben entwickelt hat. Ein Anleger, der zu diesem Kurs 1.000 Stück zu 0,30 Euro investiert hätte, könnte seine Zertifikate jetzt für 2.000 Euro wieder verkaufen. Mit einem Einsatz von 300 Euro wurden 1.700 Euro erwirtschaftet. Allerdings war das Risiko dieser Anlage auch signifikant hoch. Es wäre durchaus wahrscheinlich gewesen, dass die Aktie einmal die 40 Euro berührt und das Zertifikat wertlos verfällt.

Eine weitere Anwendung von Hebelzertifikaten wäre der Einsatz als Absicherungsinstrument von bestehenden Aktienpositionen. Auch hier soll ein Beispiel das Prinzip verdeutlichen.

Ein Anleger hält 500 Aktien im Bestand. Der Kurs der Aktie liegt bei 42 Euro. Aufgrund von politischen Unruhen im Mittleren Osten möchte der Anleger auf Nummer Sicher gehen und den Aktienbestand für die nächsten Monate gegen Kursverluste absichern.

Er kauft sich deshalb ein Hebel-Zertifikat auf fallende Kurse. Der Knock-out liegt dabei über dem aktuellen Börsenkurs. Er profitiert also davon, dass die Aktie fällt. In diesem Fall steigt der Kurs des Hebel-Zertifikats entsprechend. Steigt die Aktie hingegen auf das Knock-out-Niveau, verfällt das Hebel-Zertifikat wertlos.

Knock-out-Niveau:	50 Euro
Kurs des Hebelzertifikats:	8,20 Euro
	(50 Euro – 42 Euro + Finanzierungskosten)

Der Erwerb der 500 Hebel-Zertifikate kostet 4.100 Euro (500 x 8,20 Euro). Wie sieht das Depot des Anlegers aus, wenn sich der Kurs der Aktien positiv oder negativ verändert?

Aktienkurs	Wert Aktienposition	Wert Hebel-Zertifikat	Summe
35 Euro	17.500 Euro	7.600 Euro	25.100 Euro
40 Euro	20.000 Euro	5.100 Euro	25.100 Euro
42 Euro	21.000 Euro	4.100 Euro	25.100 Euro
45 Euro	22.500 Euro	2.600 Euro	25.100 Euro
50 Euro	25.000 Euro	0 Euro	25.000 Euro
55 Euro	27.500 Euro	0 Euro	27.500 Euro

Aus der Tabelle wird ersichtlich, dass das Portfolio des Anlegers bei fallenden Kursen gegen Kursverluste abgesichert ist. Die Summe der Portfolios bleibt gleich. Erst ab Erreichen der 50-Euro-Marke würde das Hebel-Zertifikat verfallen, und der Anleger muss neu entscheiden, ob er eine neue Absicherung vornimmt. Sichert er nicht ab, und die Aktie steigt auf 55 Euro, profitiert er wieder von diesen Kursanstiegen. Fällt die Aktie, wird er aufgrund einer fehlenden Absicherung Verluste im Portfolio akzeptieren müssen.

Es ist deutlich geworden, dass Hebel-Zertifikate im Depot als spekulatives Objekt, aber auch zur Risikoreduzierung beziehungsweise -neutralisierung eingesetzt werden können. Es kommt immer darauf an, wie man diese Zertifikate im Depot einsetzt.

Vorteile von Hebel-Zertifikaten:

- Großes Anlageuniversum
  Es gibt eine Vielzahl von Hebel-Zertifikaten am Markt. Als Basiswerte werden Aktien, Anleihen, Währungen, Indizes und sogar Rohstoffe angeboten.
- Einfach und transparent
  Hebel-Zertifikate entwickeln sich analog dem Basiswert. Es gibt kaum Einflüsse von Volatilitäten wie bei Optionsscheinen.
- Steuereffizient
  Der Gewinn von Hebel-Zertifikaten ist nach derzeitiger Rechtsprechung nach Ablauf der Spekulationssteuerfrist steuerfrei. Allerdings werden meist nur kurzfristige Hebel-Zertifikate emittiert (bis zu sechs Monaten); als Alternative können auch Open-End-Hebel-Zertifikate erworben werden.
- Leichte Handelbarkeit
  Die Zertifikate können jederzeit mit dem Emittenten über die Börse oder direkt außerbörslich gehandelt werden. Gerade bei kurzfristigen Geschäften sollten Sie den außerbörslichen Handel bevorzugen, denn hier sparen Sie die Courtage (Maklergebühr der Börse) und können immer kurzfristig auf Marktveränderungen reagieren.

Kennzahlen

Hebel

Der Hebel drückt aus, in welchem Verhältnis sich das Zertifikat bei Kursveränderungen des Basiswerts verändert.

Knock-out-Niveau

Das Knock-out-Niveau ist ein festgeschriebenes Niveau des Hebel-Zertifikats, an dem das Zertifikat wertlos verfällt. Zu beachten ist, ob es sich um ein Hebel-Zertifikat auf steigende Kurse (long) oder fallende Kurse (short) handelt. Das Knock-out-Niveau eines Long-Zertifikats liegt unter dem Kurs der Aktie, das Niveau eines Short-Zertifikats liegt über dem aktuellen Aktienkurs.

Zertifikate-Ampel:

Chance: sehr hohe Gewinnchancen durch Hebeleffekt

Risiko: hohes Risiko, ein Totalverlust ist bei falscher Kursentwicklung leicht möglich

Steuer: positiv (das heißt Kursgewinne sind nach Ablauf der Spekulationsfrist steuerfrei)

2.10 Exkurs: Volatilität

Wer sich mit Derivaten beschäftigt, muss sich auch mit Volatilitäten befassen. Die Volatilität bestimmt zu einem großen Teil den Preis einer Option und somit auch den Wert eines Zertifikats.

Als Volatilität bezeichnet man die Schwankungsbreite der Kurse zum Beispiel einer Aktie innerhalb eines bestimmten Zeitraums. Die Volatilität ist also kein Maß für die Richtung der Preisbewegung.

Je größer die Schwankungsbreite, also die Volatilität, umso höher muss auch der Optionspreis sein. Dies liegt auf der Hand, da eine starke Schwankung des Basiswertes die Wahrscheinlichkeit in sich birgt, dass genügend große Sprünge erreicht werden können, um den Kurs der Aktie an den Basispreis der Option zu bringen.

Es wird unterschieden zwischen historischer (vergangener) und impliziter (erwarteter) Volatilität. Die historische Volatilität lässt sich aus den Daten der Vergangenheit errechnen, die implizite Volatilität ist die gerade aktuell in dem Optionspreis enthaltene Volatilität.

Der Händler einer Bank bildet sich anhand der Rückrechnung aus den am Markt aktuell gehandelten Optionen ein Urteil über die implizite Volatilität. Die künftige Volatilität einer Option bleibt selbst für den besten Optionshändler eine Unbekannte, da auch er von den Daten der Zukunft keine Kenntnisse hat.

Gerade bei stark gefallenen Märkten sind die impliziten Volatilitäten in Optionen hoch. Das liegt daran, dass Abwärtsbewegungen meist schneller und heftiger verlaufen als Aufwärtstrends. Somit kann es vorkommen, dass zwar der Kurs des Basiswerts steigt, aber der Anstieg nicht ausreicht, um die Abnahme in der impliziten Volatilität zu kompensieren. Anleger sollten immer auf ein solides Verhältnis zwischen historischer und impliziter Volatilität achten. Als anerkannter Volatititätsgradmesser für den Deutschen AktienIndex gilt der von der Deutschen Börse und Goldman Sachs entwickelte DAX-Volatilitätsindex. Der VDAX-NEW®

drückt die vom Terminmarkt erwartete Schwankungsbreite – die implizite Volatilität – des DAX-Index aus:
Der Index gibt in Prozentpunkten an, welche Volatilität in den kommenden 30 Tagen für den DAX zu erwarten ist. Grundlage für die Berechnung dieses Index sind die DAX-Optionskontrakte, die „am Geld" („at the money") und „aus dem Geld" („out of the money") notieren.

Aus der nachfolgenden Grafik kann man die Entwicklung des VDAX ersehen. Das aktuelle Niveau ist im Vergleich zu den vergangenen Jahren sehr niedrig.

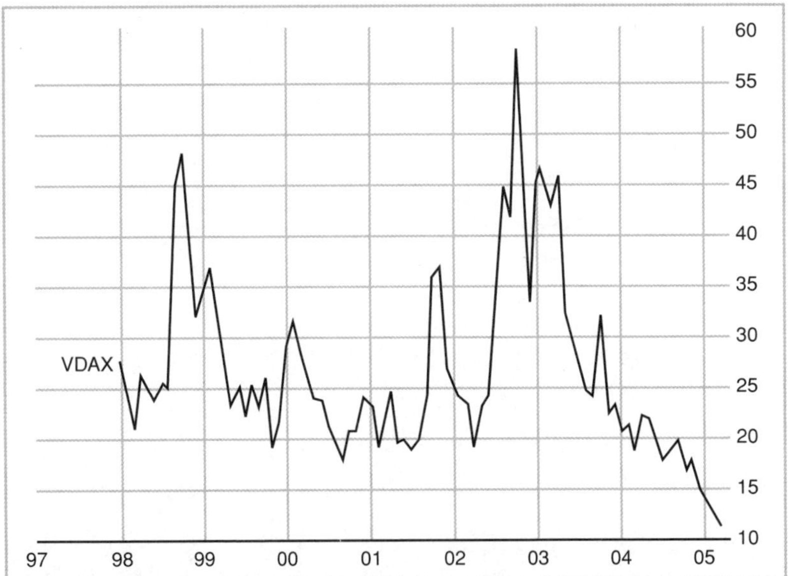

Entwicklung der DAX Volatilität in den letzten Jahren

simplified

3 Was hat Fußball mit Zertifikaten zu tun?

Viele Anleger wenden zu wenig Zeit für die Planung ihrer finanziellen Angelegenheiten auf. Eine von einer Direktbank kürzlich durchgeführten Studie zum Thema Geldanlage förderte das erschreckende Ergebnis zutage, dass sich der Privatanleger im Monat nur maximal 30 Minuten mit dem Thema Geld beschäftigt. Für dieses wichtige Thema gerade unter dem Aspekt der Altersvorsorge ist das viel zu wenig. Es ist somit nur zu verständlich, warum die Anleger immer noch zig Milliarden Euro auf Tagesgeldkonten, Festgeldern und in Geldmarktfonds zu Mini-Zinsen anlegen – aus purer Unkenntnis oder aus dem fehlendem Verständnis heraus, dass Geldanlage, auch wenn sie für die meisten Anleger nicht interessant erscheint, für die finanzielle Unabhängigkeit sehr wichtig ist.

Monatlich werden die Zahlen der deutschen Fondsindustrie veröffentlicht. Mehr als 472 Milliarden Euro werden in Investmentfonds verwaltet. Davon sind über 66 Milliarden Euro in Geldmarktfonds, das heißt zu einem Zinssatz von 2,50 Prozent, angelegt, und 89 Milliarden Euro werden in offenen Immobilienfonds mit Renditen von etwa 4,00 Prozent angelegt.

Es kann aber nicht das Ziel dieser Anleger sein, ihr Kapital mit derart geringen Renditen wachsen zu lassen. Ein großer Teil dieser Erträge wird durch die Inflation wieder aufgezehrt. Am Ende bleibt dem Anleger weniger im Geldbeutel als zuvor.

Ziel muss es vielmehr sein, das Vermögen langfristig mit einer attraktiven Rendite zu vermehren. Je mehr aus dem hart erarbeiteten Kapital herausgeholt wird, desto angenehmer kann man leben. Das Kapital ist der Arbeitnehmer im Alter: Es erwirtschaftet die Rente.

Wie sollte man am besten vorgehen?

Jeder Anleger sollte sich überlegen, wie er durch das Investieren in Zertifikate eine Rendite von acht bis zwölf Prozent pro Jahr erwirtschaften kann. Das ist möglich, wenn man sich ein wenig mit den zuvor beschriebenen Grundformen der Zertifikate beschäftigt hat. Zusätzlich benötigt man eine Strategie, um mit Zertifikaten die angestrebte Rendite zu erzielen. Wie eine Anlagestrategie mit Zertifikaten aussehen kann, möchte ich in diesem Kapital beschreiben. Das Ganze hat viel mit dem Management eines Fußballteams zu tun – Sie sind der Trainer Ihrer Mannschaft.

Sie sind der Trainer einer Fußballmannschaft und müssen sich überlegen, wie Sie das Team für ein wichtiges Spiel aufstellen. Sie müssen entscheiden, ob Sie mehr auf den Sturm setzen oder vielleicht doch eher die Verteidigung stärken und welche Spieler aus Ihrem Team Sie für dieses wichtige Spiel einsetzen werden.

Aus der folgenden Tabelle können sie entnehmen, welche Markterwartung Sie für welches Zertifikat benötigen.

Zertifikate-Typ	**Markterwartung**
Index-Zertifikat	steigende Kurse
Basket-Zertifikat	steigende Kurse
Discount-Zertifikat	gleichbleibende, moderat steigende Kurse
Deep-Discount-Zertifikat	gleichbleibende, moderat steigende Kurse, leicht fallende Kurse
Aktienanleihen	gleichbleibende, moderat steigende Kurse
Bonus-Zertifikat	gleichbleibende Kurse, steigende Kurse
Express-Zertifikat	gleichbleibende, moderat steigende Kurse
Power-Zertifikat	steigende Kurse
Kapitalgarantiertes Zertifikat	steigende Kurse
Hebel-Zertifikate	steigende Kurse bzw. fallende Kurse

Je nach Markterwartung sollten Sie Ihr Depot verwalten. Sie sind der Trainer und müssen Ihre Mannschaft (Zertifikate) optimal aufgestellt durch die Saison führen. Das Ziel ist klar: eine Rendite von acht bis zwölf Prozent pro Jahr (dunkelgraue Linie in der Grafik). Mit Zertifikaten werden Sie diese Rendite erzielen. Sie dürfen sich allerdings in Phasen stark steigender Aktienkurse nicht ärgern, wenn Sie daran nicht voll beteiligt sind. Manche Zertifikate-Formen wie Discount-Zertifikate und Express-Zertifikate lassen Sie bei Erreichen des CAP beziehungsweise bei Kündigung nicht weiter an Kursanstiegen teilhaben. Ziel muss es sein, das Portfolio mit einer niedrigeren Schwankung (analog Rentenanlagen – REX-P in der Grafik), aber mit einer deutlich höheren Verzinsung zu steigern. Dann werden Sie über die Jahre ein ordentliches Vermögen aufbauen können.

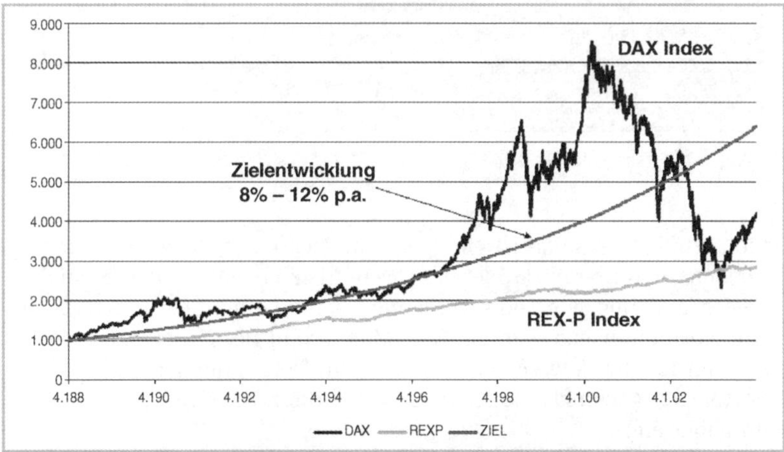

Acht bis zwölf Prozent konstante Erträge muss Ihr Renditeziel sein. (Quelle: Markus Jordan)

Der Vielzahl der am Markt erhältlichen Zertifikate kann ein eigenes Chancen-Risiko-Profil zugeordnet werden. Je nachdem, welches Zertifikat im Depot eingesetzt wird, besetzt es eine entsprechende Position. Anhand der folgenden Tabelle wurden die Zertifikate entsprechend kategorisiert:

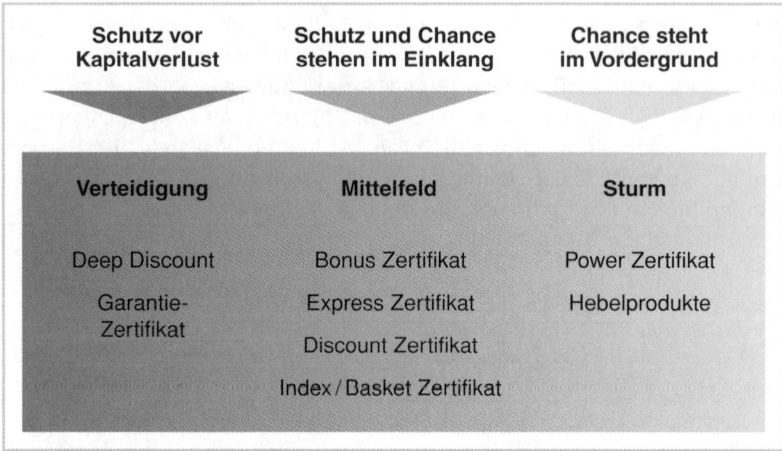

(Quelle: Markus Jordan)

Jede Zertifikate-Position ist ein Spieler im Depot des Anlegers. Man kann so leichter den Überblick über das Gesamtrisiko behalten. Bei einem Spielerwechsel (Fälligkeiten oder Verkäufen) kann dann immer gleich die fehlende Position ersetzt werden. Eine Mannschaft besteht aus elf Spielern, das sorgt für die notwendige Verteilung im Depot, die das Risiko einzelner Anlagen nochmals reduziert. Gehen wir auf die jeweiligen Positionen nun näher ein.

3.1 Die Verteidiger

Eine solide Mannschaft besteht zum Großteil aus Verteidigern. Ziel dieser Zertifikate ist das Erwirtschaften einer möglichst sicheren und damit konstanten Rendite. Aufgrund der konservativen Ausrichtung dieser Zertifikate kann unter normalen Umständen keine hohe Rendite erwirtschaftet werden. Eine realisierbare Rendite liegt zwischen vier und sechs Prozent pro Jahr.

Es eignen sich alle Formen von *kapitalgarantierten Zertifikaten*. Durch Mindestverzinsung und/oder die Chance auf eine hohe Zinszahlung sowie die Gewissheit, am Ende der Laufzeit auf alle Fälle wieder das eingesetzte Kapital zu erhalten, bilden diese Zertifikate den Grundstock einer soliden Verteidigung. Aufgrund des zurzeit niedrigen Zinsniveaus liegen die Laufzeiten dieser Zertifikate meist zwischen sechs und acht Jahren. Optimal sind Zertifikate, die bei Erreichen bestimmter Bedingungen vorzeitig zurückgezahlt werden können. Die Rendite, die mit diesen Zertifikaten erwirtschaftet wird, liegt in der Regel über der Rendite vergleichbarer festverzinslicher Wertpapiere.

Mit *Deep-Discount-Zertifikaten* kann auf Jahressicht eine Rendite zwischen vier und acht Prozent verdient werden. Die Wahrscheinlichkeit, dass mit einem Deep-Discount-Zertifikat eine negative Rendite erwirtschaftet wird, ist sehr gering. Gerade bei Zertifikaten auf Indizes muss ein starker Kursverlust eintreten. Unter normalen Marktbedingungen sollte die maximale Rendite problemlos erzielt werden. Steigern kann man die Rendite mit Zertifikaten auf Einzelaktien. Sie bieten bei einem überschaubaren Risiko, zum Beispiel wenn die Aktie durch eine hohe Dividendenrendite nach unten abgesichert ist, eine interessante, teilweise sogar zweistellige Rendite.

3.2 Die Mittelfeldspieler

Nur mit einem starken Mittelfeld kann eine Mannschaft erfolgreich sein. Für unser Zertifikate-Team heißt das: Hier werden die Voraussetzungen für eine hohe Rendite geschaffen.

Die Zertifikate im Mittelfeld verbinden Risikoschutz mit einer dennoch attraktiven Gewinnchance. So können mit Index- und Basket-Zertifikaten einzelne Märkte oder Strategien optimal besetzt werden. Allerdings bieten diese Zertifikate keinen Risikoschutz, das heißt sie sollten eher dosiert oder nur dann in der Mannschaft eingesetzt werden, wenn man sehr sicher ist, dass die Zertifikate erfolgreich sein werden.

Zu den populärsten Spielern im Mittelfeld zählen mit Sicherheit die Bonus-Zertifikate. Sie sichern die attraktive Bonus-Rendite und schützen das Kapital bei Kursrückgängen. In steigenden Märkten lassen sie den

Anleger nicht im Stich, denn sie entwickeln sich bei steigenden Kursen unbegrenzt mit nach oben. Je nach Basiswert und Sicherheits-Level winken hohe Bonus-Zahlungen. Anleger sollten beachten, dass das Sicherheits-Level nicht zu niedrig ausfällt. 20 bis 30 Prozent unter dem aktuellen Kurs sollte es mindestens liegen. Die mögliche Bonus-Rendite liegt bei etwa sechs bis acht Prozent pro Jahr.

Ebenso populär sind Discount-Zertifikate. Gerade auf Einzelaktien bieten sie attraktive Renditechancen bei gleichzeitiger Risikobegrenzung durch den Kursabschlag gegenüber dem Basiswert. Auf Jahressicht sollten bei Discount-Zertifikaten auf Einzelaktien Renditen zwischen acht und 15 Prozent möglich sein. Der Risikopuffer liegt dabei etwa bei zehn Prozent. Stark fallen dürfen die Aktien also nicht.

Mit Aktienanleihen setzt der Anleger ebenso auf stabile Kursentwicklungen. Der jährlich gezahlte Zins sorgt für regelmäßige Einnahmen in der Mannschaftskasse. Je nachdem, wo der Schwellenwert der Aktien liegt, verändert sich die Renditechance erheblich. Mit konservativen Aktienanleihen erzielt der Anleger Renditen zwischen sechs und acht Prozent pro Jahr. Bei Einzelaktien liegt die Renditechance analog den Discount-Zertifikaten bei acht bis 15 Prozent.

Mit Express-Zertifikaten erwirtschaftet der Anleger Renditen zwischen sechs und zehn Prozent, je nach Basiswert. Wichtig ist eine leicht positive Marktentwicklung, um möglichst früh in den Genuss der Renditezahlung zu kommen. Wird das Zertifikat fällig, erhält der Anleger neben dem Zins auch das Kapital zurück. Das Geld steht dann für weitere Dispositionen wieder zur Verfügung.

Rohstoff-Zertifikate gelten je nach Ausgestaltung auch als Mittelfeldspieler. Neben den klassischen Vorteilen dieser Zertifikate-Form bietet diese Anlageklasse auch noch die beschriebenen Diversifikationseffekte. Mit einem Bonus-Zertifikat auf einen Rohstoff-Index ist diese Anlageklasse für den normal informierten Privatanleger optimal beigemischt. Anleger, die eine spezielle Expertise im Bereich der Rohstoffe haben, können durch eine selbst zusammengestellte Rohstoff-Mischung optimal ihren Wissensvorteil ausnutzen.

3.3 Die Stürmer

Der Sturm sorgt dafür, dass die normale Verzinsung des Depots das Renditeziel von acht bis zwölf Prozent erreicht. Durch das bewusste und kontrollierte Eingehen von Risiken wird mit bestimmten Zertifikaten die Renditezahlung erhöht. Anleger, die diese Risiken nicht eingehen möchten, sind auch mit einem etwas sportlicheren Depot aus Mittelfeldspielern und Verteidigern in der Lage, eine Rendite um die acht Prozent zu erreichen.

Mit einem Hebel-Zertifikat kann im Depot eine hervorragende Strategie gefahren werden. Der Anleger investiert dabei ein Prozent des Depotvolumens in ein Hebelzertifikat. Gehen die Investition und die Strategie beispielsweise mit einem Kursgewinn von 50 Prozent auf, erhöht sich damit die Rendite des Gesamtdepots um 0,50 Prozent. Geht die Strategie nicht auf, wurde mit diesen spekulativen Instrumenten gerade einmal ein Prozent des Gesamtdepots verloren. Dieser Totalverlust kann leicht verschmerzt werden, denn vielleicht können Sie mit den restlichen Spielern dieses eine Prozent wieder zurückverdienen. Durch den moderaten Einsatz von Hebel-Zertifikaten kann die Gesamtportfolio-Rendite erheblich beeinflusst werden.

Wer den Totalverlust gänzlich vermeiden möchte, aber dennoch mit einer Hebelwirkung investieren will, ist bei den Power-Zertifikaten gut aufgehoben. Mit einem im Vergleich zu Hebel-Zertifikaten höheren Kapitaleinsatz kann das Depot dynamisch zusammengestellt werden. Die Hebel liegen je nach Basiswert zwischen 1,5 und 4,0. Sollte sich die Strategie nicht als positiv erweisen, schützt der eingebaute Risikopuffer vor Kursverlusten. Erst bei großen Kursrückgängen droht ein Kursverlust, der dann aber nicht größer ist, als wenn der Anleger direkt in die Aktie oder in den Index mittels eines Index-Zertifikats investiert hätte.

3.4 Der Torwart

Das im Tor investierte Kapital muss 100-prozentig eine sichere Rendite erwirtschaften. Deswegen wird hier das noch nicht investierte Kapital geparkt.

Aus dieser Reserve können Sie, je nach Gelegenheit, Beträge entnehmen und in interessante Zertifikate investieren. Fälligkeiten, Zinsgutschriften oder vorzeitige Kündigungen werden hier bis zur nächsten Investition gesammelt. Der Torwart kann das Konto, ein Festgeld oder Geldmarktfonds sein.

simplified

4 Wo Sie Zertifikate handeln können

Anleger, die sich für ein Zertifikat entschieden haben, müssen sich im Anschluss entscheiden, auf welchem Weg das Zertifikat erworben werden soll. Zunächst steht die Entscheidung zwischen börslichem oder außerbörslichem Erwerb an. Während die meisten Wertpapieraufträge für Aktien von Privatanlegern und institutionellen Kunden ausschließlich über die Börse abgewickelt werden, ist das beim Handel mit Zertifikaten und Optionsscheinen anders.

Börslicher Handel

Beim börslichen Handel schickt der Anleger den Kaufauftrag über seine Bank an die Börse Stuttgart oder Frankfurt. Diese beiden Börsen haben spezielle Marktsegmente, die es Privatanlegern ermöglichen, Zertifikate einfach und schnell zu handeln.

Im Smart Trading, dem Frankfurter Handelssegment für Zertifikate, werden beispielsweise alle ausführbaren Derivate-Orders innerhalb von 30 Sekunden ausgeführt. An der Stuttgarter Euwax ist eine derartige Regel zwar nicht festgeschrieben, ein Großteil der Aufträge wird aber innerhalb von zehn Sekunden ausgeführt. Der Preis eines Zertifikats wird an der Börse nicht aufgrund von Angebot und Nachfrage ermittelt. Vielmehr hat sich der Emittent gegenüber den Börsen verpflichtet, für ein bestimmtes Mindestvolumen durchgängig verbindliche An- und Verkaufskurse zu stellen. Aus diesem Grund wird auch an der Börse niemals eine Order außerhalb der zum selben Zeitpunkt gestellten Preisspanne der Emittenten ausgeführt. In Einzelfällen kann an der Börse sogar ein besserer Kurs erzielt werden. Das passiert dann, wenn zum selben Zeitpunkt zwei Anleger gleichzeitig ein Zertifikat kaufen und verkaufen wollen. Der Makler an der Börse würde dann diese beiden Aufträge zusammenführen und zu einem Kurs in der Mitte der Geld-Brief-Spanne abrechnen. Der Käufer kann also ein wenig günstiger kaufen, der Verkäufer erhält ein wenig mehr, so, als hätten beide direkt mit dem Emittenten gehandelt. Laut Euwax werden rund 20 Prozent aller Transaktionen innerhalb der Geld-Brief-Spanne des Emittenten ausgeführt. Für diese „Auftragsbetreuung" berechnet der Makler bei jeder Börsen-Order die so genannte Maklercourtage in Höhe von 0,8 Promille (maximal zwölf Euro pro Auftrag).

Zudem werden Börsenaufträge von der jeweiligen Handelsüberwachungsstelle kontrolliert und bieten dem Anleger die Möglichkeit, alle Transaktionen und Kursstellungen im Nachhinein über das Internet einzusehen. Das sorgt für ein hohes Maß an Transparenz im börslichen Handel von Zertifikaten.

Ein weiterer großer Vorteil des börslichen Handels ist die Möglichkeit, einen Auftrag mit einem Limit zu versehen. Möchte ein Anleger zum Beispiel bei einem aktuellen Kurs von 53 Euro für ein Zertifikat nur maximal 50 Euro pro Zertifikat zahlen, dann wird der Auftrag beim Makler so lange nicht ausgeführt, bis der Kurs des Zertifikats auf 50 Euro fällt. Kann der Auftrag nicht ausgeführt werden, verfällt er beim Auslaufen der Gültigkeit. Zudem kann der Anleger bestehende Positionen mit einem so genannten Stop-Loss-Auftrag absichern, das heißt der Auftrag wird erst bei Erreichen einer bestimmten Kursschwelle aktiviert, und die Position wird dann sofort zum nächsten Kurs verkauft. Diese Limitfunktion kann der Anleger beispielsweise vor einer Urlaubsreise anwenden, um sich nach der Rückkehr vor Überraschungen bei bestehenden Depotpositionen zu schützen.

Außerbörslicher Handel

Beim außerbörslichen Handel fordert der Anleger über die Order-Maske der Bank direkt beim Emittenten einen Preis an. Der Emittent stellt sekundenschnell einen Kurs, zu dem er bereit ist, ein bestimmtes Wertpapier zu kaufen oder zu verkaufen. Bestätigt der Anleger dann den Auftrag, und hat sich der Preis in der Zwischenzeit nicht geändert, erhält er umgehend die Ausführungsbestätigung und hat somit die Gewissheit, dass der Auftrag zu dem genannten Kurs ausgeführt wurde. Die Ausführung dieser Aufträge dauert nur wenige Sekunden, der Anleger kann somit schnell auf Marktbewegungen reagieren. Attraktiv sind auch die längeren Handelszeiten im außerbörslichen Handel – diese beginnen meist schon vor dem Börsenhandel und enden spät in der Nacht, wenn die deutschen Börsen längst geschlossen haben. Die meisten Emittenten haben außerbörsliche Handelszeiten von 8 bis 22 Uhr. Jeder engagierte Anleger kann so noch am Abend auf Kursbewegungen des Dow Jones Index reagieren. Er sollte allerdings beachten, dass die Emittenten die Kurse (den Spread) im außerbörslichen Handel bei Aktien, deren Heimatbörse geschlossen hat, ein wenig ausweiten. Der Emittent hat zu dieser Zeit nur noch beschränkte Möglichkeiten, den ausgeführten Auftrag abzusichern, und wird sich dieses höhere Risiko durch einen etwas höheren Preis belohnen lassen.

Leider gibt es keine zentrale Handelsüberwachung im außerbörslichen Handel. Der Anleger akzeptiert die jeweiligen Handelsbedingungen des Emittenten automatisch. Allerdings wird ihm der Kurs zuvor genannt, sodass eigentlich keine Schwierigkeiten auftreten dürften.

Limitierungen sind im außerbörslichen Handel nicht möglich. Die Anleger können nach der Kursanfrage entscheiden, ob der Auftrag ausgeführt werden soll. Die Kosten im außerbörslichen Handel sind günstiger als im börslichen Handel. Es gibt keine Maklercourtage, und Börsengebühren, die Ihnen die Bank in Rechnung stellt, existieren dort nicht. Einige Direktbanken bieten im außerbörslichen Handel besonders günstige Gebühren an. Auch werden von Zeit zu Zeit so genannte No-Fee- oder Flat-Fee-Aktionen angeboten, bei denen dann die Produkte eines Emittenten kostenlos beziehungsweise zu einer fixen Grundgebühr gehandelt werden können. Diese Preisangebote gelten dann nur für außerbörslich ausgeführte Transaktionen.

Sowohl der börsliche als auch der außerbörsliche Handel haben ihre Vor- und Nachteile. Welchen Order-Weg der Anleger letztendlich bevorzugt, ist ihm überlasssen. Handelt er klassische Anlage-Zertifikate, bei denen es nicht auf Sekunden ankommt, ist der Börsenhandel meist die bequemere Art des Handels. Zudem kann er durch das Erteilen von Limiten die Aufträge optimieren oder mit Stop-Loss-Aufträgen bestehende Zertifikate-Positionen absichern. Beim Handel mit Hebel-Zertifikaten, bei dem es schnell zu großen Preisveränderungen kommen kann, ist es aus meiner Sicht besser, den außerbörslichen Handel zu wählen. Die Anleger erhalten hier schnell eine Kurszusage und können dann gleich entscheiden, ob die Order ausgeführt werden soll oder nicht.

Die nachfolgende Tabelle zeigt die Unterschiede zwischen dem börslichen und dem außerbörslichen Handel:

	Börslicher Handel	Außerbörslicher Handel
Handelsüberwachung	ja (die Börse)	nein
Limitierung	Limit, Stop-Loss	nein
Kosten	Maklercourtage, Börsengebühren	keine
Handelszeiten	9.00 bis 17.30 Uhr bzw. 20.00 Uhr	8.00 bis 22.00 Uhr
Orderausführung	meist zwischen 20 und 30 Sekunden	innerhalb weniger Sekunden
Kursveröffentlichung	ja, via Internet	nein

simplified

5 Moderne Geldanlage sucht moderne Bank

Zertifikate sind eine moderne Geldanlage. Nur die wenigsten Anleger interessieren sich derzeit für diese Anlageform. Kein Wunder also, dass immer noch Millionen von Bankkunden für die gleiche Leistung, nämlich das Ausführen eines Wertpapierauftrags oder das Verwahren von Wertpapieren, hohe Gebühren bezahlen. Während der Trend bei Elektrogeräten oder Lebensmitteln zu immer günstigeren Produkten und Angeboten geht, werden beim Kauf von Finanzprodukten noch immer schön brav die Gebühren der Filialbanken bezahlt.

Dabei haben sich gerade in den vergangenen zehn Jahren neue Banken etabliert, die sich auf die Abwicklung von Wertpapiergeschäften oder das Online-Banking spezialisiert haben. Durch diese Spezialisierung und die damit verbundenen Kostenvorteile bieten diese Direktbanken einen erheblichen Kostenvorteil gegenüber Filialbanken, Sparkassen und Raiffeisenbanken.

Wertpapiergeschäft

Zahlen die meisten Bankkunden noch den vollen Ausgabeaufschlag bei Investmentfonds (bis zu 5,5 Prozent) oder bei Ausführung einer Börsenorder bis zu einem Prozent vom Kurswert, verzichten Direktbanken-Kunden teilweise völlig auf den Ausgabeaufschlag und wickeln Börsengeschäfte für meist nur 0,25 Prozent Transaktionsgebühren ab.

Depotverwahrung

Filialbanken berechnen in der Regel eine Depotführungsgebühr von 0,015 Prozent vom Depotwert und gegebenenfalls noch Kosten pro Depotwert. Viele Direktbanken verwahren dagegen die Depotwerte kostenlos.

Guthabenverzinsung

Meist zahlen normale Geschäftsbanken keine Guthabenzinsen auf Girokonten. Direktbanken bieten aber in vielen Fällen Tagesgeldkonten, die dann zu marktüblichen Konditionen verzinst werden.

Diese Kostenvorteile erhöhen direkt die Rendite des Anlegers. Über die Zeit können bei Direktbanken enorme Kostenvorteile realisiert werden, die den Anleger dann schneller an sein persönliches Vermögensziel bringen.

Zudem bieten Direktbanken über ihren Internetauftritt umfangreiche Informationsmöglichkeiten, von Kursinformationen über Analyse-Tools und Nachrichten bis hin zum Rund-um-die-Uhr-Zugang zum Konto und Depot. Auch Wertpapiergeschäfte können ohne Öffnungszeiten durchgeführt werden – meist sogar am Wochenende. Eine Liste mit den größten Direktbanken in Deutschland und Österreich finden Sie im Anhang. Am besten besuchen Sie die Websites der Banken und informieren sich über deren Angebote. Egal für welche Direktbank Sie sich auch entscheiden: Gegenüber einer Filialbank kann es nur besser werden.

simplified

6 Informationsquellen für Zertifikate

Wie bereits erwähnt, gibt es eine Vielzahl von Zertifikaten am Markt. Damit man das richtige Zertifikat für die Anlagestrategie finden kann, muss man sich einige Hilfsmittel zunutze machen. Dazu zählen natürlich das Internet, die Informationsmöglichkeiten der Banken sowie die Broschüren und Informationen, die der Emittent auf der Website veröffentlicht. Darüber hinaus gibt es Finanzmagazine, die über die Entwicklungen im Zertifikate-Markt berichten.

Interessante Zertifikate-Websites:

Die genannten Portale bieten umfassende Informationsmöglichkeiten zum Thema Zertifikate. Über Suchfunktionen können interessante Zertifikate herausgefiltert werden. Verschiedenste Einstellmöglichkeiten, zum Beispiel Suche nach Emittenten, Laufzeit, maximaler Rendite oder natürlich dem Basiswert, machen es leicht, aus der Vielzahl der angebotenen Zertifikate die interessantesten herauszufiltern.

www.zertifikateweb.de

Die von Financial Webworks GmbH betriebene Website bietet eine Vielzahl von Informationen über Zertifikate. Daneben verzweigt die Website auf andere Seiten, die mit Zertifikaten zu tun haben, unter anderem auf ein Zertifikate-Börsenspiel, das die Fußball-Analogie übernommen hat und bei dem sich unabhängige Vermögensverwalter untereinander messen (www.z-cup.de).

www.onvista.de

Onvista, der Klassiker der Internet-Finanzportale, bietet in seiner Rubrik Zertifikate ebenfalls eine Vielzahl von Suchfunktionen und Hintergrundinfos zum Thema Zertifikate. Besonders interessant sind hier die Kursinformationen, da neben den Emittentenkursen auch die Kurse der Euwax und der Börse Frankfurt (SmartTrading) angezeigt werden. Ebenfalls interessant ist beispielsweise bei Bonus-Zertifikaten die Angabe des Bonus-

und Barriere-Levels in Form von Kursen; so können Sie die Schwellen direkt mit dem Kurs der Aktie vergleichen.

www.finanztreff.de
Auch Finanztreff bietet eine Fülle von Finanzinformationen über alle Anlagebereiche. Im Segment Zertifikate sind besonders die Sortiermöglichkeiten im Bereich der Bonus-Zertifikate hervorzuheben: Sie können sich nach Selektion eines Basiswerts alle Bonus-Zertifikate anzeigen lassen. So sieht man auf einen Blick, welches Bonus-Zertifikat die besten Konditionen bietet.

Einen besonderen Hinweis verdienen die Kursinformationssysteme der Finanz-Websites. Dort bieten die meisten die Möglichkeit, die Emittentenkurse realtime (also in Echtzeit) mit laufender Kursaktualisierung (Push-Technologie) abzurufen. Gerade bei Hebel-Zertifikaten kann das sehr nützlich sein.

Magazine

www.zertifikate-journal.de
Die Zertifikatejournal AG veröffentlicht seit etwa vier Jahren einen kostenlosen E-Mail-Newsletter, der Anleger wie Mitarbeiter von Banken über den Markt der Zertifikate informiert. Wurde zu Beginn noch ausschließlich von den Verlegern der Markt der neu emittierten neuen Zertifikate beleuchtet und kommentiert, so werden heute eher konkrete Anlageideen und Handelsstrategien vorgestellt. Das Zertifikatejournal vergibt jährlich den Branchenpreis, den Zertifikate-Award, bei dem die Anleger beziehungsweise eine Fachjury die besten und innovativsten Zertifikate der Emittenten beurteilt. Ein Blick auf die Website oder die Registrierung des E-Mail-Newsletters lohnt auf alle Fälle.

Die bekannten Finanzzeitschriften wie Börse Online, Capital, Euro oder Euro am Sonntag haben nur wenige Seiten über Zertifikate in ihren Veröffentlichungen. Es überwiegen immer noch Informationen über Investmentfonds oder direkte Aktienanlagen. Einige Finanzmagazine geben von Zeit zu Zeit Sonderausgaben zum Thema Zertifikate heraus; dort werden dann meist Grundlagen oder spezielle Themen behandelt.

Websites der Emittenten

Die meisten Emittenten bieten auf ihren Websites ebenfalls umfangreiche Informationen über ihre Produkte. Nachteilig ist für den Anleger, dass es ein wenig mühsam ist, alle Emittentenseiten zu besuchen und dort Informationen zu sammeln. Dafür gibt es meist unterstützende Hintergrundinformationen wie zum Beispiel Research-Berichte oder Broschüren und Kurzinformationen über die Produkte des Anbieters.

simplified

7 Zehn goldene Regeln für eine erfolgreiche Zertifikate-Anlage

Die folgenden zehn Regeln sollte sich ein Anleger immer vor Augen halten, wenn er in Zertifikate investiert. Er kann sich so vor Verlusten schützen, und sie erleichtern ihm den Umgang mit Zertifikaten erheblich.

1. Definieren Sie ein Gesamtkonzept (Risikoneigung und Zielsetzung).

Vor jedem Kauf sollten Sie das Zertifikat mit Ihrer Gesamtstrategie abgleichen.

2. Sorgen Sie für einen günstigen Einkauf (Transaktionsgebühren).

Gerade Direktbanken bieten hier erstklassige Konditionen. Hier können Sie richtig Geld sparen und so schon zu Beginn der Anlage die Rendite erhöhen.

3. Reduzieren Sie die laufenden Kosten (Depotführung).

Auch hier bieten die meisten Direktbanken äußerst günstige Konditionen, teilweise wird dort sogar auf die Depotführungskosten verzichtet. Vergleichen Sie doch mal mit Ihrer Hausbank.

4. Nutzen Sie Marktbewegungen (Volatilität, Dividendenrendite, Zinsniveau).

So sind Discount-Zertifikate, Bonus-Zertifikate und Express-Zertifikate in Zeiten hoher Volatilität (VDAX) interessant und Garantie-Zertifikate sowie Power-Zertifikate eher in Zeiten niedriger Volatilität. Auch das Zinsniveau hat einen entscheidenden Einfluss auf Zertifikate, vor allem auf jene mit Kapitalgarantie.

5. Verteilen Sie die Anlagen auf verschiedene Emittenten.

Reduzieren Sie die Ausfallrisiken durch eine ausgewogene Emittentenstreuung. Letztendlich haben Sie mit einem Zertifikat eine Anleihe des Emittenten erworben. Wenn der ausfällt, ist das Kapital mit großer Wahrscheinlichkeit weg.

6. Bleiben Sie am Ball – Gewinne realisieren / Verluste begrenzen.
Eine Börsenregel lautet: An Gewinnmitnahmen ist noch keiner gestorben. Oft erreichen Zertifikate ihren maximalen Rückzahlungskurs schon vor Laufzeitende. Gerade bei Discount-Zertifikaten ist das häufiger der Fall. Es kann also lohnenswert sein, das Papier zu verkaufen und auf die restlichen Renditepunkte zu verzichten. Und bei Bonus-Zertifikaten macht es durchaus Sinn, ein Zertifikat, das über dem Bonus-Betrag notiert, in ein anderes zu tauschen.

7. Lernen Sie die wichtigsten Zertifikate-Formen kennen.
Das haben Sie mit diesem Buch bereits getan. Mehr brauchen Sie eigentlich nicht zu wissen. Mit diesen Anlageformen können Sie optimal investieren und so Ihr Portfolio langfristig erfolgreich wachsen lassen.

8. Sorgen Sie für einen kompetenten Ansprechpartner bei Ihren Geschäften.
Manchmal werden Sie an einen Punkt kommen, an dem Sie die Funktion eines Zertifikats nochmals recherchieren müssen. Auch die fixierten Levels der Zertifikate sind nicht immer leicht herauszufinden. Hilfestellung bieten hier die Emittenten-Hotlines und die Online-Banken, die sich auf das Zertifikate-Geschäft spezialisiert haben.

9. Lassen Sie sich nicht von Modetrends verleiten.
Immer wieder werden in Anlegerzeitungen neue Trends heraufbeschworen, die dann von den Emittenten gerne aufgegriffen werden. Achten Sie vor der Investition auf die Nachhaltigkeit des Trends und prüfen Sie, ob der „Zug“ nicht bereits abgefahren ist.

10. Behalten Sie immer das Risiko Ihrer Anlagen im Auge.
Nur allzu leicht lässt man sich von den Performance-Zahlen der Vergangenheit verleiten. Der wichtigste Punkt, den Sie bei einer Anlage beachten müssen, ist das Risiko. So kann es zum Beispiel sinnvoll sein, in eine Branche zu investieren, aber um auf Nummer Sicher zu gehen, bitte mit ausreichend Risikopuffer. Geht die Investition auf, sind Sie vielleicht nicht voll dabei; dafür sind Sie bei negativer Entwicklung vielleicht vor Kapitalverlusten geschützt.

simplified

8 Anhang

8.1 Kontaktdaten der Emittenten

ABN Amro
Theodor-Heuss Allee 80, D-60486 Frankfurt
Telefon: +49 (0)69 / 26 900-900
Telefax: +49 (0)69 / 26 900-829
Website: http://www.abn-zertifikate.de
E-Mail: aktienprodukte@de.abnamro.com

ABN Amro hat sich auf Rohstoff-Zertifikate und Hebelprodukte spezialisiert. Anleger, die in diese Segmente investieren möchten, sind bei ABN Amro richtig.

BNP Paribas
Mainzer Landstraße 16, D-60325 Frankfurt
Telefon: +49 (0)69 / 7193-2310
Telefax: +49 (0)69 / 7193-2938
Website: http://warrants.bnpparibas.com/de/
E-Mail: wts.info@bnpparibas.com

BNP Paribas hat eine große Angebotspalette im Bereich der Discount-Zertifikate, Bonus-Zertifikate und Optionsscheine. Die französische Bank ist auch immer wieder mit Anlage-Zertifikaten (Express-Zertifikaten) am Markt präsent.

BHF Bank
Bockenheimer Landstraße 10, D-60302 Frankfurt
Telefon: +49 (0)69 / 718-3030
Telefax: +49 (0)69 / 718-2815
Website: http://www.bhf-bank.com
E-Mail: produkte@bhf-bank.com

Die BHF Bank ist ein großer Anbieter von Aktienanleihen und Discount-Zertifikaten.

Commerzbank
Mainzer Landstraße 153, D-60327 Frankfurt
Telefon: +49 (0)69 / 136-47845
Telefax: +49 (0)69 / 136-47595
Website: http://www.optionsscheine.commerzbank.de/
E-Mail: warrants@commerzbank.com

Die Commerzbank ist einer der großen deutschen Emittenten. Die Produktpalette umfasst ein sehr großes Angebot an Optionsscheinen und Hebel-Zertifikaten. Im Anlagebereich zählen Discount-Zertifikate und Bonus-Zertifikate zu den Favoriten.

Citibank
Reuterweg 16, D-60323 Frankfurt
Telefon: +49 (0)69 / 1366-1540
Telefax: +49 (0)69 / 1366-1377
Website: http://www.citiwarrants.com

Die Citibank (Citigroup) zählt zu den ersten Emittenten von Optionsscheinen und Zertifikaten. Die Angebotspalette ist breit gestreut und bietet eine Vielzahl von Discount-Zertifikaten, Hebel-Zertifikaten und Optionsscheinen.

Deutsche Bank
Große Gallusstr. 10-14, D-60272 Frankfurt
Telefon: +49 (0)69 / 910-38807
Telefax: +49 (0)69 / 910-38673
Website: http://www.xavex.de
E-Mail: x-markets.team@db.com

Die Deutsche Bank ist sehr aktiv im Bereich der Trading-Produkte (Optionsscheine und Hebel-Zertifikate), und auch im Bereich der Anlage-Zertifikate bietet sie ein umfassendes Produktuniversum. Die Deutsche Bank zählt ebenfalls zu den größten Emittenten in Deutschland.

Dresdner Bank
Jürgen-Ponto-Platz 1, D-60301 Frankfurt
Telefon: +49 (0)69 / 7131-5631
Telefax: +49 (0)69 / 7131-9841
Website: http://www.warrants.dresdner.com
E-Mail: warrant@drkw.com

Die Dresdner Bank bietet eine umfassende Produktpalette an Optionsscheinen und Hebelprodukten. Auch im Anlagebereich werden die wichtigsten Produktbereiche abgedeckt. Die Dresdner Bank hat eine große Auswahl an Indexzertifikaten.

DZ Bank
Am Platz der Republik, D-60265 Frankfurt
Telefon: +49 (0)69 / 7447-7035
Telefax: +49 (0)69 / 7447-7406
Website: http://www.warrants.dzbank.de
E-Mail: dz-derivate@dzbank.de

Die DZ Bank als Lieferant für die Raiffeisenbanken hat ein umfassendes Produktangebot im Bereich der Anlage-Zertifikate (Bonus- und Express-Zertifikate). Auch im Bereich der Hebel-Zertifikate gibt es ein ausreichendes Angebot.

Goldman Sachs
MesseTurm, D-60308 Frankfurt am Main
Telefon: +49 (0)69 / 7532-1111
Telefax: +49 (0)69 / 7532-3344
Website: http://www.goldman.de/
E-Mail: warrants@gs.com

Goldman Sachs hat ein umfassendes Angebot im Bereich der Optionsscheine und Hebel-Zertifikate aufzuweisen. Durch die GSCI-Index-Familie ist ein reichhaltiges Produktangebot im Bereich Rohstoffe vorhanden.

HSBC Trinkaus & Burkhardt KGaA
Königsallee 21-23, D-40212 Düsseldorf
Telefon: +49 (0)211 / 910 46 36
Telefax: +49 (0)211 / 32 61 19
Website: http://www.hsbc-tip.de
E-Mail: hsbc-tip@trinkaus.de

TuB hat ein sehr großes Angebot an Discount-Zertifikaten und Hebelprodukten. Auch Aktienanleihen zählen zum Angebot.

HypoVereinsbank
Am Tucherpark 16, D-80538 München
Telefon: +49 (0)1803 / 13 14 12
Website: http://www.hvb.de/zertifikate
E-Mail: indexing@hvb.de

Die HVB hat sich auf die Emission von innovativen Zertifikate Lösungen spezialisiert. Neben Index-Zertifikaten, Express- und Bonus-Zertifikaten deckt das Produktuniversum auch kapitalgarantierte Zertifikate ab.

JPMorgan Internat. Derivatives Ltd.
Börsenstraße 2-4, D-60313 Frankfurt am Main
Telefon: 0800 / 0576 576
Website: http://www.jpmorganinvestor.com

JPM bietet meist nur Auftragsemissionen für Direktbanken oder Privatbanken an. Die Angebotspalette ist klein; dafür werden immer wieder Innovationen wie zum Beispiel das Bonus-Zertifikat auf Brent Crude Oil angeboten.

Landesbank Baden-Württemberg
Am Hauptbahnhof 2, D-70173 Stuttgart
Telefon: +49 (0)711 / 127-0
Telefax: +49 (0)711 / 127-9571
Website: http://www.LBBW.de/zertifikate
E-Mail: zertifikate@LBBW.de

Die LBBW ist ein kleinerer Emittent von Discount-Zertifikaten und Aktienanleihen. Auch im Bereich der Bonus-Zertifikate werden immer wieder aktuelle Emissionen am Markt angeboten.

Raiffeisen Centrobank (RCB)
Tegetthoffstraße 1, A-1015 Wien
Telefon: +43 1 / 51520-484
Telefax: +43 1 / 51520-451
Website: http://www.rcb.at
E-Mail: produkte@rcb.at

Die RCB hat sich als Spezialanbieter für Osteuropa etabliert. Dazu zählen Index-Zertifikate und Hebelprodukte. Auch Bonus-Zertifikate werden angeboten.

Sal. Oppenheim jr. & Cie.
Untermainanlage 1, D-60329 Frankfurt
Telefon: +49 (0)69 / 7134-2233
Telefax: +49 (0)69 / 7134-92299
Website: http://www.oppenheim-derivate.de
E-Mail: retailproducts@oppenheim.de

Sal. Oppenheim ist einer der Top-Anbieter am deutschen Markt. Die Produktpalette reicht von Optionsscheinen über Hebel-Zertifikate, Discount-Zertifikate und Aktienanleihen bis hin zu Bonus-Zertifikaten und einer Reihe von Index-Zertifikaten.

Société Générale
Mainzer Landstraße 36, D-60325 Frankfurt
Telefon: +49 (0)69 / 7174-663
Telefax: +49 (0)69 / 7174-672
Website: http://de.warrants.com
E-Mail: german.desk@sgcib.com

Die Société Générale bietet eine umfassende Produktpalette im Segment der Hebel-Zertifikate, Discount-Zertifikate und Bonus-Zertifikate. Einige Emissionen auf Rohstoffe wurden in den Jahren 2004 und 2005 emittiert. Hier finden Sie ein attraktives Angebot an kapitalgarantierten oder risikooptimierten Anlagemöglichkeiten.

UBS Investment Bank
Stephanstraße 14-16, D-60313 Frankfurt
Telefon: +49 (0)69 / 1369-8989
Telefax: +49 (0)69 / 72 22 83
Website: http://www.ubs.com/keyinvest
E-Mail: invest@ubs.com

Die Schweizer Großbank bietet ein umfassendes Angebot an Discount-Zertifikaten und Index-Zertifikaten.

WestLB

Herzogstraße 15, D-40217 Düsseldorf
Telefon: +49 (0)211 / 826-5988
Telefax: +49 (0)211 / 826-71084
Website: http://www.westlb-zertifikate.com
E-Mail: zertifikate@westlb.de

Die WestLB bietet als Sparkassen-Dachgesellschaft ein umfassendes Angebot an kapitalgarantierten Zertifikaten. Index-Zertifikate gehören ebenfalls zur Produktpalette.

8.2 Kontaktdaten der Direktbanken

Direktbanken in Deutschland

comdirect
Telefon: +49 (0)1803 / 4445
Telefax: +49 (0)1805 / 336455
Website: http://www.comdirect.de
E-Mail: info@comdirect.de

Cortal-Consors
Telefon: +49 (0)1803 / 2525-01
Telefax: +49 (0)1803 / 2525-32
Website: http://www.consors.de

DAB Bank AG
Telefon: +49 (0)1802 / 2545-04
Telefax: +49 (0)89 / 50068-630
Website: http://www.dab-bank.com
E-Mail: information@dab.com

ING-Diba
Telefon: +49 (0)1802 / 445588
Telefax: +49 (0)800 / 2722277
Website: http://www.diba.de
E-Mail: info@diba.de

S-Broker
Telefon: +49 (0)803 / 2080-900
Telefax: +49 (0)69 / 269008-29
Website: http://www.sbroker.de
E-Mail: service@sbroker.de

Fimatex
Telefon: +49 (0)69 / 710-7530
Telefax: +49 (0)69 / 710-7100
Website: http://www.fimatex.de
E-Mail: info@fimatex.de

maxblue
Telefon: +49 (0)1818 / 1000
Website: http://www.maxblue.de

Direktbanken in Österreich

Brokerjet AG
Telefon: +43 50100-17000
Telefax: +43 1 / 53689-19527
Website: http://www.brokerjet.at
E-Mail: info@ecetra.com

Direktanlage in Österreich
Telefon: +43 (0)5672 / 603-121
+49 (0)1802 / 121314
Telefax: +49 (0)1802 / 151617
Website: http://www.daio.at
E-Mail: info@daio.at

direktanlage.at
Telefon: +43 (0)1803 / 201221 aus Österreich
+49 (0)1803 / 005667 aus Deutschland
Website: http://www.direktanlage.at
E-Mail: info@direktanlage.at

8.3 Glossar

A

Absoluter Spread

Der absolute Spread drückt die Differenz zwischen Ankaufs- und Verkaufskurs aus. Kostet ein Zertifikat beispielsweise 10,00 Euro, und die Bank stellt zum gleichen Zeitpunkt einen Rückkaufpreis von 9,90 Euro, so beträgt der absolute Spread zehn Cent. Der absolute Spread allein genügt allerdings nicht, um mehrere Zertifikate auf deren Kosten hin zu vergleichen. Unter anderem sollte auch das Bezugsverhältnis in die Berechnungen einfließen. Es empfiehlt sich deshalb, den homogenisierten Spread als Vergleichsgrundlage zu wählen.

Absicherungsniveau

Ein Absicherungsniveau – auch Barriere genannt – kommt aus der Welt der Bonus-Zertifikate. Ein Absicherungsniveau ist ein bei der Emission festgelegtes Kursniveau. Dieses darf zu keinem Zeitpunkt von der zugrunde liegenden Aktie unterschritten werden, um die Bonus-Rückzahlung zu gewährleisten.

Agio

Wird auch Aufgeld oder Ausgabeaufschlag genannt. Agio ist der Betrag, um den der Börsenkurs den inneren Wert einer Anlage übersteigt. Bei Zertifikaten fällt ein Agio meist bei Basket-Zertifikaten an.

Aktie

Eine Aktie ist eine Urkunde, die ein bestimmtes Anteilsrecht (Nennwert) auf das Grundkapital einer Aktiengesellschaft verbrieft. Der Aktionär, sprich der Inhaber der Aktie, ist somit Miteigentümer der Firma. Ein Aktionär ist dadurch „Miteigentümer" der Firma und wird in der Regel mit Dividendenzahlungen am Gewinn beteiligt. Diese fallen für Besitzer von Zertifikaten meist unter den Tisch.

Aktien-Index

Aktien-Indizes sind synthetisch berechnete Durchschnittswerte von einem Korb von Aktien. Der DAX (Deutscher Aktien-Index) umfasst beispielsweise die 30 größten deutschen Unternehmen. Ein Aktien-Index ermöglicht es deshalb, die Kursentwicklung mehrerer Aktien übersichtlich zu verfolgen.

Aktiv gemanagte Zertifikate
Diese Zertifikate werden von Fonds- beziehungsweise Zertifikate-Managern aktiv betreut. Erwirbt man ein aktiv gemanagtes Zertifikat, so verbrieft dies die Depotbeteiligung an einem aktiv gemanagten Portfolio, das unter Umständen auch vollständig in Zertifikate investiert. Bei dieser Sorte von Zertifikaten fallen für gewöhnlich jährliche Management-Gebühren an.

Anlage-Zertifikat
Als Anlage-Zertifikate werden Derivate bezeichnet, die im Gegensatz zu Futures und Optionen nicht risikoreicher sind als ein Direktinvestment in den zugrunde liegenden Basiswert.

Amerikanische Ausführungsart
Begriff aus der Options- und Optionsscheinwelt. Zertifikate werden hauptsächlich durch den Einsatz von Optionen konstruiert. Bei einer amerikanischen Ausübungsart kann die Option zu jedem frei wählbaren Zeitpunkt innerhalb der Laufzeit vom Halter ausgeführt werden. Gegenteil: →europäische Ausführungsart

Am Geld
Man sagt von einem Derivat, dass es „am Geld“ notiert, wenn das aktuelle Kursniveau auf dem Strikepreis notiert. Angenommen, Sie kaufen ein Discount-Zertifikat auf den DAX. Der CAP liegt bei 4.000 Punkten. Aktuell notiert der DAX bei 4.002,39. Das Zertifikat notiert also am Geld.

Ask-Kurs
Siehe Briefkurs

At the Money
Siehe „Am Geld“

Aufgeld
Siehe Agio

Aus dem Geld
Ein Derivat notiert dann „aus dem Geld", wenn das aktuelle Kursniveau unter dem Strikepreis eines Derivates liegt. Durch diesen Umstand besitzt das Investment keinen „Inneren Wert", sondern ausschließlich einen Zeitwert, den man auch →Optionsprämie nennt.

Ausgabeaufschlag
Siehe Agio

B

Baisse
Eine Baisse ist eine ausgedehnte Zeitperiode negativer Kursentwicklungen eines Kapitalmarktzweiges (Aktien, Anleihen, Rohstoffe). Beispiel: Eine Baisse für Aktien waren die Jahre 2000 bis 2003.

Barausgleich
Ein Barausgleich erfolgt dann, wenn am Ende der Laufzeit eines Zertifikates nicht der Basiswert, sondern die Differenz zwischen Anlagebetrag und Rückzahlungsbetrag verbucht wird. Dies geschieht entweder, wenn die Position Verluste eingefahren hat (zum Beispiel Bonus-Zertifikate), oder es wird prinzipiell nur per Barausgleich gegenverrechnet (zum Beispiel Index-Zertifikate).

Barriere
Siehe Absicherungsniveau

Basispunkt
Ein Basispunkt ist ein hundertstel Prozent. Fünf Basispunkte entsprechen demnach 0,05 Prozent. Die Einheit Basispunkt wird oft dazu verwendet, um marginale Renditedifferenzen miteinander zu vergleichen.

Basiswert
Siehe Underlying

Benchmark
Will man die relative Performance eines Finanzproduktes messen, muss man es mit einem anderen vergleichen. Der Bezugswert wird Benchmark genannt. Aktienfonds ziehen meist lokale oder internationale Benchmarks als Bezugswert heran. Interessant ist, dass es nur wenigen Fondsmanagern gelingt, den Vergleichsmaßstab zu schlagen.

Bezugsverhältnis
Bei Optionsscheinen und Zertifikaten gibt das Bezugsverhältnis an, den wievielten Teil des Basiswertes ein Derivat verbrieft. Liegt das Bezugsverhältnis eines Optionsscheines beispielsweise bei 100:1, so müssen 100 Produkte gekauft werden, um das Recht auf eine Einheit des Basiswertes zu erwerben. Das Bezugsverhältnis bleibt in der Regel konstant (außer bei den meisten Rolling-Konzepten).

Bid-Kurs
Siehe Geldkurs

Blue Chips
Fachausdruck für die größten internationalen Aktiengesellschaften. Diese Aktiengesellschaften haben eine hohe Marktkapitalisierung und einen dementsprechenden Bekanntheitsgrad. Die Kurse dieser Unternehmen fließen in der Regel in die Berechnung der wichtigen Aktien-Indizes mit ein.

Branchen-Zertifikat
Bei einem Branchen-Zertifikat handelt es sich um ein Zertifikat, mit dem ausschließlich in einen bestimmten Wirtschaftssektor investiert werden kann. Beispiele sind Biotechnologie oder Öl.

Briefkurs
Der Briefkurs ist der Preis, zu dem der Anleger ein Produkt an der Börse kauft.

Broker
Broker sind Personen oder Institutionen, die Kapitalmarkttransaktionen auf Auftrag durchführen. Sie halten keine Positionen, sondern kümmern sich nur um die Transaktionen und deren Abwicklung. Discount-Broker

sind Broker, denen man Aufträge meist nur per Internet erteilen kann. Beispiele sind Cortal Consors, DAB bank, Comdirekt oder maxblue.

C

Call
Ein Call ist eine Kauf-Option. Eine Kauf-Option verbrieft das Recht, nicht aber die Pflicht, den Basiswert zu den vereinbarten Konditionen während oder am Ende der Laufzeit zu kaufen.

CAP
Ein CAP ist ein bei der Emission fixierter Höchstbetrag, bis zu dem ein Anleger profitieren kann. Derartige Einschränkungen sind etwa bei Discount-Zertifikaten oder Reverse Convertibles zu verzeichnen.

Commodities
Englischer Ausdruck für Waren und Güter. In der Finanzbranche meint man damit allerdings handelbare Grund- und Rohstoffe. Diese umfassen beispielsweise Öl, Erze, Kaffee, Sojabohnen oder Weizen.

Coupon
siehe Kupon

D

DAX
DAX ist die Abkürzung für den Deutschen Aktien-Index. Die Grundlage für die Berechnung des DAX bilden die 30 größten und wichtigsten Unternehmen Deutschlands – die so genannten →Blue Chips. Der DAX ist ein Performance-Index: Bei einem solchen Index werden alle eventuell anfallenden Dividendenausschüttungen wieder reinvestiert.

Day-Trading
Siehe Intraday-Handel

Defensive Aktien
Wenn der Börsianer von defensiven Aktien spricht, sind Aktien von Unternehmen gemeint, die Produkte für die Grundbedürfnisse der Gesellschaft anbieten. Diese umfassen zum Beispiel Lebensmittel, Wasser, Energie sowie Gas. Die Aktien sind deshalb als „defensiv" klassifiziert, da sie eine geringe Volatilität aufweisen und sich meist vorherrschenden Konjunkturzyklen widersetzen können. Zusätzlich haben defensive Aktien in der Regel hohe Dividendenausschüttungen. In einem „guten" Börsenumfeld laufen diese Aktien allerdings meistens dem Markt hinterher.

Delta
Das Delta ist eine der signifikantesten Kennzahlen im Optionen- und Optionsscheinhandel. Das Delta gibt, um das Bezugsverhältnis bereinigt, die Intensität der Kursbewegung des Derivates im Vergleich zum Underlying an. Das Delta schwankt immer zwischen 0 und 1. Praktisches Beispiel: Ein Delta von 0,8 sagt aus, dass sich der Wert der Option um 80 Cent ändert, wenn der Basiswert eine Kursbewegung von einem Euro vollzieht. Das Delta stellt allerdings immer nur eine Momentaufnahme dar – es kann sich beispielsweise aufgrund von Volatilität, Zeitwert oder Zinsbewegungen ändern.

Delta-1-Zertifikat
Der Begriff Delta-1-Zertifikat ist ein wenig gebrauchter Ausdruck in der Welt der Zertifikate. Ein Delta-1-Zertifikat räumt dem Anleger die Möglichkeit ein, an einer Kursbewegung exakt 1:1 teilzuhaben. Dies gestattet es dem Anleger, mit dem Zertifikat an Kursschwankungen von Basiswerten teilzuhaben, die als solche nicht investierbar wären. Ein Beispiel für Delta-1-Zertifikate sind deshalb Index-Zertifikate.

Depot
Ein Depot ist eine Form von Konto. Dieses Konto ist die Basis für Transaktionen an den Kapitalmärkten dieser Welt. Anfallende Verluste oder Gewinne werden dem Depot abgezogen oder gutgeschrieben.

Derivate
Derivate sind Finanzprodukte, deren Kurs von der Entwicklung eines anderen Finanzinstruments (Basiswert) abhängt. Beispiele sind Futures, Optionen, Optionsscheine oder eben auch Zertifikate.

Devisenabsicherung
Siehe Quanto

Disagio
Gegenteil von Agio. Es handelt sich bei einem Disagio nicht um einen Auf-, sondern um einen Abschlag auf den Briefkurs eines Wertpapiers im Vergleich zu dessen Nennwert. Der Discount bei →Discount-Zertifikaten könnte als Disagio bezeichnet werden.

Diversifikation
Unter Diversifikation versteht man eine effektive Streuung des Kapitals. Diese kann etwa dadurch erreicht werden, dass man das Investitionskapital in verschiedene Anlageklassen streut. Ein Beispiel wäre 40 Prozent in Aktien, 20 Prozent in Anleihen, zehn Prozent in Währungen, zehn Prozent in Rohstoffe, zehn Prozent in Immobilien und zehn Prozent in Festgeld. Innerhalb einer Anlageklasse erreicht man eine effektive Diversifikation etwa durch eine breite Aufstellung in verschiedenen Branchen. Eine weitere Möglichkeit ist die geographische Diversifikation.

Dividende
Die Dividende ist eine Gewinnausschüttung der Aktiengesellschaft an die Aktionäre. Über Höhe der Dividende und Intervall der Dividendenzahlung entscheidet die Hauptversammlung.

Dividenden-Reinvestition
Bei einer Dividenden-Reinvestition werden die Dividenden nicht unmittelbar ausbezahlt, sondern die Gewinnausschüttung wird für Nachkäufe der Grundposition verwendet. Diese Reinvestition sollte, theoretisch gesehen, zu einem Kursanstieg führen. Indizes, deren Berechnungsgrundlage auch Dividendenausschüttungen miteinbezieht, werden Performance-Indizes genannt. Diese notieren höher als Kurs-Indizes, bei denen Dividendenauszahlungen nicht berücksichtigt werden.

Dow Jones
Der Dow Jones Industrial Average ist ein Kurs-Index der 30 größten amerikanischen Blue-Chip-Werte.

E

Emerging Markets
Bezeichnet Länder, deren Wirtschaftswachstum sich in Richtung der entwickelten Wirtschaftsräume bewegt. Diese sind unter anderem Asien (ohne Japan), Osteuropa und Südamerika.

Emittent
Der Herausgeber eines Wertpapiers oder Derivats.

Endlos-Zertifikat
Siehe Open-End-Zertifikat

EURIBOR
Abkürzung für EUROPEAN INTERBANK OFFERED RATE. Gibt den Zinssatz an, zu dem Banken im europäischen Wirtschaftsraum gegenseitige Kredite verzinsen.

Europäische Ausführungsart
Begriff aus der Options- und Optionsscheinwelt. Zertifikate werden hauptsächlich durch den Einsatz von Optionen konstruiert. Bei einer europäischen Ausübungsart kann die Option (der Optionsschein) nur am Ende der Laufzeit ausgeführt werden. Gegenteil: →amerikanische Ausführungsart

EuroStoxx50
Aktien-Index, der von der US-amerikanischen Firma Dow Jones in Zusammenarbeit mit der Euronext und der Deutschen Börse berechnet wird. Der Dow Jones EuroStoxx50 enthält die wichtigsten 50 Blue-Chip-Unternehmen aus dem Euro-Raum. Diese werden nach Marktkapitalisierung und Umsätzen selektiert.

F

Fälligkeit
Der Fälligkeitstag ist der Tag, an dem das Laufzeitende eines Derivats erreicht wurde. Bei Optionsscheinen und anderen Zertifikaten kann in der

Regel am Fälligkeitstag nur mit dem Emittenten direkt gehandelt werden. Der Handel an der Börse wird am Tag vor Laufzeitende eingestellt.

Futures
Futures sind standardisierte Terminkontrakte auf ein Gut. Laufzeit und Menge sind nicht individuell verhandelbar – deshalb standardisiert. Beide Parteien sind verpflichtet, ihre Position im Geschäft am Laufzeitende einzugehen.

G

Gamma
Das Gamma gibt die dynamische Änderung des →Deltas an. Das Gamma zeigt an, um welchen Betrag sich das Delta einer Option verändert, wenn sich der Basiswert um einen Euro bewegt. Hat eine Option ein Delta von 0,8 und ein Gamma von 0,05, so steigt das Delta auf 0,85, wenn sich der Basiswert um einen Euro ändert.

Geld-Brief-Spanne
Siehe Spread

Geldkurs
Der Geldkurs ist der Preis, zu dem der Anleger ein Produkt an der Börse verkaufen kann.

H

Hauptversammlung
Regelmäßiges Zusammentreffen der Aktien-Inhaber und deren oberstes Beschlussorgan. Auf der Hauptversammlung hat jeder Aktionär, gewichtet an seinem Anteil an der Firma, ein Stimmrecht. Mit diesem Stimmrecht kann er an Entscheidungen über die Bestellung des Aufsichtsrates, Dividendenausschüttungen oder die Entlastung von Vorständen und Aufsichtsräten entscheiden.

Hausse
Eine Hausse ist eine ausgedehnte Zeitperiode positiver Kursentwicklungen eines Kapitalmarktzweiges (Aktien, Anleihen, Rohstoffe). Beispiel: Eine Hausse für Aktien waren die späten 90er-Jahre. (Gegenteil: ->Baisse)

Homogenisierter Spread
Der homogenisierte Spread ist die absolute Differenz zwischen dem Kaufkurs (->Geldkurs) und dem Verkaufskurs (->Briefkurs) eines Wertpapiers, auf ein Bezugsverhältnis von 1:1 bereinigt. Beispiel: Ein Zertifikat mit einem Spread von zwei Cent und einem Bezugsverhältnis von 10:1 hat einen homogenisierten Spread von 20 Cent. Das Homogenisieren der Spreads hilft dabei, Wertpapiere verschiedener Emittenten zu vergleichen.

I

In the Money
Siehe Im Geld

Im Geld
Ein Derivat notiert dann „im Geld“, wenn das aktuelle Kursniveau über dem Strikepreis eines Derivates liegt. Durch diesen Umstand besitzt das Investment einen „Inneren Wert“. Der Innere Wert zeigt an, wie weit sich das Zertifikat oder die Option „im Geld“ befindet.

Innerer Wert
Siehe Im Geld

Intraday-Handel
Kauf und Verkauf eines Wertpapiers am selben Handelstag.

K

Kleinste handelbare Einheit
Dieser Wert gibt an, wie viele Aktien, Derivate ohne ähnliche Werte mindestens gehandelt werden müssen, damit ein rechtsgültiges Geschäft zustande kommt. Im Regelfall ist diese Zahl eins.

Konsolidierung
Bezeichnung für eine Börsenphase, in der die Kurse seitwärts tendieren.

Kupon
Bei einem Kupon handelt es sich um laufende Erträge aus einem Wertpapier. Diese können Zinsen, Dividenden oder auch Ertragscheine sein. Der Begriff stammt noch aus den „alten" Zeiten, als man einen Kupon einhändigen musste, um als Anleger seine Zinszahlungen in Anspruch zu nehmen.

Kurs
Amtlich notierter Marktpreis für ein Finanzprodukt.

Kurs-Index
Siehe Preis-Index

Kurzläufer
Ein Kurzläufer ist ein verzinsliches Wertpapier mit einer kurzen (Rest-) Laufzeit. Bei verzinslichen Wertpapieren spricht man von Kurzläufern bei Laufzeiten zwischen drei und 24 Monaten.

L

Langläufer
Ein Langläufer ist ein verzinsliches Wertpapier mit einer langen (Rest-) Laufzeit. Bei verzinslichen Wertpapieren spricht man von Langläufern bei Laufzeiten, die über 24 Monaten liegen.

Large Cap
Englischer Ausdruck für Unternehmen mit einer hohen Marktkapitalisierung. Siehe →Blue Chips

Laufzeit
Zeitspanne zwischen Emission und Fälligkeit.

Liquidität
Unter Liquidität versteht man die jederzeitige Verfügbarkeit eines handelbaren und fairen →Kurses für Wertpapiere jeglicher Art.

M

Marktkapitalisierung

Die Marktkapitalisierung spiegelt den Börsenwert eines Unternehmens wider. Sie wird errechnet aus dem aktuellen Kurs, multipliziert mit der Anzahl der Aktien, die sich im Streubesitz befinden.

Marktrisiko

Bei Investitionen geht der Anleger stets Risiken ein. Eines dieser Risiken wird Marktrisiko (engl.: market risk) oder systematisches Risiko genannt. Als Marktrisiko bezeichnet man den möglichen Eintritt von negativen Kursentwicklungen, rasant steigender Volatilität oder Währungseinbrüchen. Je weniger der individuelle beziehungsweise institutionelle Anleger diversifiziert ist, desto höher ist sein Marktrisiko.

Margin

Die Margin ist eine finanzielle Sicherheitsleistung, die ein Anleger bei seinem Broker oder seiner Bank hinterlegen muss, um bei Termingeschäften eventuell anlaufende Verluste decken zu können.

Mid Cap

Bezeichnung für ein mittelgroßes, börsennotiertes Unternehmen. In den Medien nennt man sie auch Firmen „aus der zweiten Reihe".

N

Nasdaq

Nasdaq ist die Abkürzung für: „National Association of Securities Dealers Automated Quotations". Es handelt sich dabei um ein Computersystem der Freiverkehrshändler in New York. An der Nasdaq sind besonders technologieorientierte und wachstumsträchtige Unternehmen notiert. Die Kurse dieser Aktien unterliegen meist überdurchschnittlich großen Schwankungen. Zusätzlich wird von der Nasdaq der Nasdaq-Index berechnet.

Netto-Performance

Realer Ertrag nach Abzug aller involvierten Kosten. Diese sind unter anderem Transaktionskosten, Steuern, Pauschalgebühren oder Verrechnungskosten.

Nikkei
Japanischer Leitindex mit 225 Blue-Chip-Unternehmen der fernöstlichen Wirtschaftsmacht.

O

Omega
Das Omega ist ein weiterer Begriff aus der Welt der Optionen und Optionsscheine. Man berechnet das Omega bei einem Optionsschein aus dem Produkt von Delta und einfachem Hebel. Ein Omega von acht besagt: Wenn sich der Basiswert um ein Prozent ändert, steigt oder fällt das Derivat um acht Prozent.

Open-End-Zertifikat
Bei einem Open-End-Zertifikat handelt es sich um ein Zertifikat ohne Fälligkeit. Es läuft praktisch unbegrenzt.

Optionsart
Prinzipiell gibt es Kaufoptionen (→Call) und Verkaufsoptionen (→Put). Wenn Sie eine Kaufoption halten, profitieren Sie von steigenden Kursen. Wenn Sie eine Verkaufsoption halten, profitieren Sie von fallenden Kursen.

Optionsprämie
Die Optionsprämie ist der Betrag, der vom Optionskäufer für das Optionsrecht an den Optionsverkäufer zu zahlen ist. Die Optionsprämie ist immer zu zahlen, auch dann, wenn vom Optionsrecht kein Gebrauch gemacht wird und der Optionskäufer die Option wertlos verfallen lässt. Die Optionsprämie ist die Grundlage der meisten Zertifikate-Strukturen, da der Zertifikate-Käufer indirekt als Optionsverkäufer auftritt.

Order
Englischer Ausdruck für einen Wertpapieran- oder -verkaufsauftrag.

OTC – Over-The-Counter
Im deutschen Finanzraum ist damit der Handel mit derivativen Finanzprodukten gemeint, der direkt mit dem Emittenten abgewickelt wird. Das bedeutet, dass keine Börse zugeschaltet wird. Der Emittent handelt über

den Broker direkt mit dem Kunden und tritt dadurch gleichzeitig als Market Maker auf.

Out-of-the-Money
Siehe Aus dem Geld

P

Performance
Unter Performance versteht man die prozentuale Veränderung eines Wertpapiers während eines bestimmten Zeitraumes. Nicht eingerechnet werden allerdings eventuell anfallende Kosten wie beispielsweise Agio, Gebühren oder Steuern. Die →Netto-Performance berücksichtigt auch diese.

Performance-Index
Bei einem Performance-Index werden eventuell ausgeschüttete →Dividenden wieder reinvestiert (→Dividenden-Reinvestition). Dies ist bei Kurs-Indizes nicht der Fall. Man bezeichnet einen Performance-Index auch als Total-Return-Index.

Portefeuille
Siehe →Portfolio

Portfolio
Ein Portfolio ist der Gesamtbestand an Wertpapieren in einem →Depot. Es wird auch Portefeuille genannt.

Preis-Index
Im Gegensatz zu einem →Performance-Index werden bei einem Preis-Index Dividendenauszahlungen nicht berücksichtigt. Deshalb liegt der Kurs des Preis-Index in der Regel unter dem eines Performance-Index.

Put
Ein Put ist eine Verkaufsoption. Eine Verkaufsoption verbrieft das Recht, nicht aber die Pflicht, den Basiswert zu den vereinbarten Konditionen während oder am Ende der Laufzeit zu verkaufen.

Q

Quanto

Ist ein Index-Zertifikat mit der Funktion Quanto ausgestattet, so ermöglicht dies dem Investor, sich des Währungsrisikos zu entledigen. Dieses tritt immer dann auf, wenn ein Aktien- oder Rohstoff-Index nicht in Euro, sondern in einer Fremdwährung berechnet wird. Ist ein Zertifikat mit der Funktion Quanto ausgestattet, so sichert der Emittent das Währungsrisiko ab. Doch keine Versicherung ist gratis, auch diese Dienstleistung müssen Sie bezahlen. Der „Preis" äußert sich zumeist in einem höheren Spread des Zertifikats.

R

Ratio

Siehe →Bezugsverhältnis

Rendite

Siehe →Netto-Performance, →Performance

Restlaufzeit

Unter Restlaufzeit versteht man die Zeit, die bis zur →Fälligkeit eines Wertpapiers verbleibt.

S

Spekulationsfrist

Werden Wertpapiere innerhalb der Spekulationsfrist an- sowie wieder verkauft, sind eventuelle Gewinne der Spekulationssteuer zu unterwerfen. Die Spekulationsfrist beträgt in Deutschland und Österreich derzeit zwölf Monate.

Spread

Der Spread drückt die Differenz zwischen dem →Geldkurs und dem →Briefkurs aus. Eine Subform ist der →homogenisierte Spread.

Systematisches Risiko
Siehe →Marktrisiko

T

Total-Return-Index
Siehe →Performance-Index

U

Underlying
Wertpapier oder anderes Finanzprodukt, auf dem ein Derivat beruht (zum Beispiel DAX bei Index-Zertifikat, Aktie eines Unternehmens bei Discount-Zertifikat, Option). Wird auch Basiswert oder Bezugswert genannt.

Weitere Titel unserer Finanzenreihe:

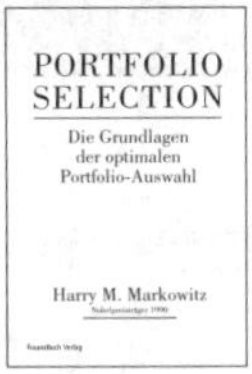

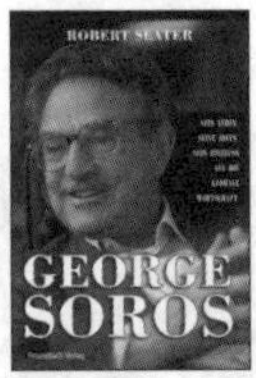

Fordern Sie unseren kostenlosen und umfangreichen Katalog an!
Diese und viele andere Bücher sind im Handel erhältlich oder können bestellt werden bei:

FinanzBuch Verlag
www.finanzbuchverlag.de

Nymphenburger Str. 86 | D-80636 München | Telefon: 089 651285-0 | Fax: 089 652096 | E-Mail: bestellung@finanzbuchverlag.de

Generation Zertifikate

C. W. Röhl/W. H. Heussinger

Das Standardwerk der Zertifikate-Gemeinde. Alle wichtigen Infos zu der derzeit beliebtesten Anlageklasse, auf den Punkt gebracht von den beiden Zertifikate-Journal-Herausgebern: Wissen aus erster Hand, ohne Wenn und Aber.

»Exzellente Fachinformation und kritische Analysen.«
Michael W. Schwetje, OnVista AG

Börsenstrategien für Privatanleger

Beate Sander

Langfristig eröffnen Aktien große Chancen auf hohe Renditen! Dies funktioniert jedoch nur, wenn Sie sich über Ihre Beweggründe für die Aktienanlage im Klaren sind, wenn Sie die Vor- und Nachteile gegenüber anderen Anlageformen erkennen und wenn Sie fähig sind, sich als Anlegertyp in der Bandbreite von sicherheitsbewusst, risikoscheu und konservativ über chancenorientiert und risikobewusst bis spekulativ richtig einzuordnen. Welcher Risikotyp bin ich? Welche Strategie passt zu mir und warum?

288 Seiten, Hardcover; Preis € 29,90 (D); € 30,80 (A); SFr 52,20 ISBN: 978-3-89879-213-4